そこに定食屋があるかぎり

든든하게, 도쿄의 정식집
  몸과 마음을 채우는 맛있는 밥집 이야기

오다이라 가즈에 지음

난바 유지 사진

서하나 옮김

(검정프레스)

○まっ中塩定食 ¥980
○ぶり照定食 ¥900

ご飯を少なめ
ご希望の方
お申しつけ下さい

- 이 책은 2018년에서 2022년까지 웹 매거진 《게이쿠스(ケイクス)》 연재 〈그곳에 정식집이 존재하는 한(そこに定食屋があるかぎり。)〉에서 소개한 글에 살을 붙여 수정하고, 2023년에서 2024년까지 새롭게 취재한 기사를 더해 구성했습니다.
- 나이, 연수, 가게의 개요에 관한 정보 및 사진은 취재 당시의 것입니다. 따라서 코로나19 팬데믹을 거치며 영업시간과 영업 형태가 지금과 달라진 가게나 사정에 의해 폐업한 가게도 있지만, 소개한 당시의 시대 배경을 되짚으며 취재 당시 내용을 그대로 실었습니다.
- 본문에 나오는 가격은 2024년 6월 시점의 가격입니다.

시작하며

산카쿠(山角)

2018년 9월. 시모기타자와(下北沢)는 역 주변이 대규모로 재개발되면서 북쪽 출구와 남쪽 출구 근처 상점가에 식당 체인점이 급속도로 늘어났다. 그와 동시에 개인이 경영하는 식당이나 오코노미야키가게, 킷사텐, 중화요릿집에 폐점을 알리는 안내문이 줄줄이 붙기 시작했다.

이러한 상황에서도 정오부터 자정까지 쉬는 시간 없이 영업하며 매일 만석이 되는 정식집이 있었다. 그곳에서는 밤 10시가 넘은 시간에도 전갱이튀김정식(アジフライ定食)이나 햄과 달걀프라이가 나오는 햄에그(ハムエッグ)를 먹을 수 있었다. 소극장 더스즈나리(ザ・スズナリ) 대각선 건너편에서 여성 둘이 운영하던 산카쿠(山角)가 바로 그곳이다.

파출소와 가쓰오부시도매점이 양옆에 있는 성냥갑처럼 작고 오래된 빌딩 1층에 산가쿠는 자리했다. 식당의 나무 유리문을 드르륵 열고 들어서자 안은 손님으로 꽉 차 있었다. 손님들은 서로 자리를 좁혀 앉아 양보하면서 행복하다는 듯이 햄을 튀긴 햄카쓰(ハムカツ)나 새우와 연근이 들어간 만두를 입안 가득 먹고 있었다.

산카쿠는 역 주변의 재개발 반대 운동이 한창이던 2012년 문을 열었다. 땅값 상승을 노린 대형 음식점이 개인 가게들이 떠난 자리를 호시탐탐 노리던 무렵이었다.

이 동네의 오랜 주민인 나는 금방이라도 무너질 듯한 낡은 빌딩에 산카쿠가 문을 열었을 때 참 안 되었다면서 내심 동정했다. 시모기타자와가 이렇게 힘든 상황일 때 식당을 시작하다니 어쩌려고 저럴까 싶었다. 새로 문을 열었던 가게가 1년도 못 버티고 다른 곳으로 바뀌는 모습을 자주 보았기 때문이었다.

산카쿠는 주변에 큰 회사도 없는데 돈벌이도 안 될 듯한 정식을 밤 12시까지 내놓았다. 밤에는 술을 팔았지만, 안주는 샐러리조림을 380엔, 대롱어묵튀김이나 새콤하게 양념한 가지튀김을 400엔에 내놓았다. 단품에 200엔만 추가하면 건더기가 가득 들어간 된장국과 밥, 직접 만든 채소절임이 더해져 정식으로 먹을 수 있었다.

그런데 내 예상이 보란 듯이 빗나갔다. 예약 없이 갔다가 만석으로 들어가지 못한 적이 한두 번이 아니었다. 예전에 잡지 《산보의 달인(散歩の達人)》에서 나만의 최고 식당을 꼽는 〈식당 100곳(食堂100軒)〉 특집 원고를 의뢰받은 적이 있었다. 나는 망설임 없이 산카쿠를 제안했는데 편집부에서 단칼에 거절했다. "죄송합니다. 그 식당은 오다이라 씨 말고도 두 분이나 더 추천했어요. 다른 곳으로 해주세요."

세 명이나 최고 식당으로 꼽을 줄이야. 산카쿠는 바로 그런 가게다.

이 책은 산카쿠에서 시작되었다

나는 음식점에서 생선튀김을 잘 먹지 않는다. 두꺼운 튀김옷 안에 감추어진 어이없을 만큼 작고 빈약한 하얀 생선살을 보면 슬퍼지기 때문이다. 일단 튀겨 놓으면 생선살이 별로 없어도 잘 모를 거라는 주인의 뻔뻔함이나 가게 운영의 어려움이 엿보여 안타깝다.

그런데 산카쿠의 전갱이튀김정식으로 그러한 고정관념이 완전히 깨졌다. 전갱이튀김이 이렇게 맛있는 음식이었다니! 크기, 맛, 식감 등 모두 예상을 초월했다. 일단 커다란 접시에 전갱이튀김이 두 마리 담겨 나왔다. 입술을 찌를 정도로 표면의 빵가루를 바삭바삭하게 튀겼는데도 그 안의 살은 촉촉하고 폭신폭신했다. 이는 실한 생선으로 음식을 만들기 때문에 가능하다. 같은 접시에 한가득 담겨 나오는 촉촉한 양배추도 놀라웠다. 아삭아삭한 식감에서 찬물에 아주 꼼꼼하게 헹구었다는 게 전해졌다. 아무리 주요리가 맛있어도 양배추채가 말라 있거나 채가 균일하지 않고 양이 아주 적으면 그 정식은 초라해 보인다. 양배추채는 양배추를 채 썰고, 물에 씻어내고, 확실하게 물기를 빼는 세 가지 과정을 거쳐야 하니 요리사 입장에서는 품이 많이 들어가는 부식이다.

주 요리는 물론이고 함께 곁들이는 반찬까지 허투루 만들지 않는 산카쿠의 성실함에 매료된 이후, 나는 양배추채에 대한 기준이 엄격해졌다. 좀 냉정하게 말해, 양배추채를 생략하는 식당은 대부분 요리에 애정과 수고를 덜 들인다고 할 수 있다. 사람들은 곁들여 나오는 반찬도

함께 찍은 사진에서 가운데가 히라이
씨다. 아르바이트는 아홉 명으로, 낮과
밤에 각각 세 명씩 돌아가며 일한다.
연극이나 공연을 끝낸 배우나 뮤지션도
손님으로 많이 찾기 때문에 벽은
전단이나 포스터로 꽉 차 있다. 가게가
좁아 손님의 짐은 머리 위 선반에 둔다.

먹고 싶으니 단품이 아니라 정식을 주문하기 때문이다.

　　황금색 전갱이튀김에 진한 소스를 뿌린 다음, 산뜻한 풍미의 수제 프렌치드레싱이 버무려진 완벽한 양배추와 번갈아 가며 입으로 가져갔다. 그 사이사이 흰 쌀밥을 우걱우걱 입안에 넣는 행복감이란 이루 말할 수 없었다.

　　뭘 먹어도 "와, 진짜 맛있다." 하는 말이 진심으로 우러나온다. 그런데 정작 주방에 있는 여성이 어찌나 무뚝뚝하고 무심한지.

　　내가 이렇게 말하자, 가게 주인인 히라이 가나코 (平井加奈子) 씨가 어깨를 움츠리면서 쓸쓸한 웃음을 지었다.

　　"여자끼리 최소한의 일손으로 가게를 꾸려가다 보니 가끔 여유를 잃어버리더라고요. 그래서 그런지 무뚝뚝하다는 소리를 자주 들어요. 그런데 저희는 손님에게 싹싹하게 대하는 이자카야 술집보다 싸고 맛있는 동네 식당이 되고 싶어요. 미안해요, 제가 무서웠나요?"

　　그 말에 이해가 되었다. 되도록 싸고 맛있으면서 양도 많은 정식을 손님에게 제공하려면 인건비를 줄여 최소한의 인원으로 꾸려갈 수밖에 없으니 손님에게 붙임성 있게 대할 틈이 없었을 것이다.

　　닭튀김 요리인 치킨난반(チキン南蛮), 돼지고기생강구이(生姜焼き), 크로켓(コロッケ), 부추육회(ニラユッケ) 등 단품 요리는 200엔만 추가하면 정식 세트로 주문할 수 있으며, 밥은 한 번 무료로 추가해 먹을 수 있다. 이러한 점들이 인기의 비결이다.

　　"서른다섯 살 때 음식점 아르바이트 동료와 산카쿠를 시작했어요. 우리가 전에 일하던 일본음식점은

고급 노포가 많은 유라쿠초(有楽町)에 있었는데 그 동네
특성에 걸맞게 뚜렷한 신념과 주장을 지니고 꾸려가는
곳이었어요. 고기 산지별로 먹는 방식이 정해져 있다거나
전국에 있는 유기농법 농가와 계약해 그때그때 수확되는
채소를 받았죠. 그러다 보니 운송료도 많이 드는 데다가
때로는 부추 다섯 상자가 한꺼번에 들어와 다 쓰지 못한
적도 있었어요. 시모기타자와의 손님층은 유라쿠초와는
달라서 200엔 대의 안주를 갖춘 가게도 있죠. 그걸 보고
우리는 300엔에서 400엔대로 맛있는 음식을 준비하자,
이 지역에서 필요로 하는 어깨에 힘을 빼고 가볍게 들러
맛있는 밥과 된장국을 먹을 수 있고 술도 마실 수 있는
정식집을 하자고 생각했어요."

이들은 술집이나 바는 많지만 밤에 밥과 된장국을
내놓는 가게는 없다는 사실에 주목했다. 신념이나 주장이
뚜렷하게 없다는 점이야말로 신념이다. 목표는 채소 가득,
고기 가득 그리고 큼직한 생선으로, 금방 만든 요리가
언제든 나오는 편안한 가정 요리다.

무대 미술을 하던 친구에게 가게 인테리어를 의뢰해
1960년대-1970년대 교실 같은 분위기를 조성했다. 메뉴는
칠판에 적는다. 테이블은 이과 실험실처럼 소박하게
만들고, 골동품 시장에서 사 모은 그릇으로 옛날부터 이
동네에 있었을 법한 향수가 느껴지는 가게로 완성했다.

아르바이트까지 모두 여성으로 구성한 데는 온화한
분위기를 만들고 싶어서였다. 가게를 빌릴 때 지역
부동산에서 이런 조언을 했다.

"이 주변에서 장사할 생각이라면 꼭 동네 사람들에게

개업 인사를 하고, 이웃과 사이좋게 지내는 편이 좋아요. 그럼 다들 도와줄 거예요."

이 말에 근처 가게 서른 곳을 돌며 인사를 했고, 쌀도 채소도 이웃 가게에서 들이기로 했다.

"쌀 배달을 하시는 분이 '지난주에 이 근처에 빈집 털이가 들었으니 조심해요.' 하고 알려주거나 오랫동안 역 앞에서 장사하던 채소 가게 아주머니가 '이제 가게 그만하니까 이거 쓸래요?' 하면서 쌀겨절임 항아리인 누카도코(糠床)를 준 적도 있어요. 좋은 식재료를 공급하는 업체도 소개받았죠. 여자 둘이 꾸려가는 식당이라 이렇게 신경을 써주니 마음이 든든하더라고요. 지금도 주변에서 저희를 살펴보고 챙긴다는 느낌을 자주 받아요."

이제는 장사의 차원이 아니다

이 책의 취재는 이 식당에서부터 시작되었다.

좋은 정식집을 알아보는 비결은 대부분 산카쿠에서 처음 배웠다. 가령 채소절임 반찬은 직접 절이거나 양배추채를 잘 손질할 줄 알아야 하며, 프렌치드레싱은 만들어 사용하고, 주인은 손님에게 살갑게 대할 여유가 없다는 등등.

산카쿠는 1년 내내 단 하루도 쉬지 않고 문을 열며, 아르바이트 아홉 명과 함께 일한다. 밥을 챙겨 먹을 틈도 없어 쭈그리고 앉아 밥 위에 낫토를 올려 허겁지겁 입안에 털어 넣을 때도 있다고 슬쩍 말했다. 정식집은 속도도 생명이다. 이자카야는 요리를 하나씩 천천히 내놓아도 되지만, 정식은 되도록 빨리 나가야 한다. 또한 일행과 함께 온 손님 테이블에는 주문한 요리가 전부 거의 동시에 놓여야 한다. "정식집은 이 일을 정말 좋아하는 사람이 아니라면 하기 힘들어요. 장사의 차원을 초월하거든요. 제가 살갑지 않아도, 음식이 늦게 나와도 저희 가게에 오는 손님들은 그 누구도 불평하지 않아요. 혼자 오든 여럿이 오든 다른 손님이 들어오면 어떻게 해서든지 다닥다닥 붙어 앉아 자리를 만들죠. 그런 손님들 덕분에 힘내서 가게를 꾸려갈 수 있어요."

이전 가게에서 일할 때는 요통과 불면증으로 고생했다. 야근이 계속 이어지다가 결국 안면신경통까지 걸린 적이 있었다. 지금은 자전거를 타고 집에 돌아오면 욕조에 몸을 담갔다가 나와 풀썩 쓰러져 금세 잠에 빠진다. 불면증으로 고생할 여유도 없을 만큼 지쳐서 돌아오기 때문이다. 하지만 스트레스는 전혀 없다고 한다.

꿈이 무엇이냐고 물었더니 '지속하는 것'이라는 소박한 대답과 함께 다음과 같은 말이 이어졌다.

"좁으니까 어쩔 수 없지만, 만약 가능하다면 화구를 하나 더 늘리고 싶어요. 지금은 화구 세 개로 돌리는데 푹 고아 내는 요리나 카레는 시간이 오래 걸려서 하기 어렵거든요. 화구가 늘어나면 소스에 함박스테이크를 푹 익혀 만드는 니코미함박스테이크(煮込みハンバーグ)도 내놓고 싶어요."

산카쿠는 시모기타자와에 필요한 단 하나뿐인 동네의 중요한 장치다. 그녀들이 근면 성실하고 활기차게 일하는 모습을 보면서 정식집이란 옛날부터 있어 왔지만 새로운 삶의 방식이라는 생각마저 들었다. 그러니 지속하는 것이라는 그녀들의 꿈은 분명 앞으로도 이루어질 거라고 믿었다.

하지만 이 취재를 한 다음 해에 예상 밖의 일이 일어났다. 코로나19 팬데믹이 시작된 것도 모자라 건물 재건축 때문에 퇴거가 결정된 것이다. 가게를 다시 시작할 때까지 뜻대로 되지 않는 일이 연이어 벌어졌지만, 히라이 씨는 입술을 깨물며 긴 시간을 버텼다. 그런 산카쿠에 드디어 기적과 같은 날이 찾아왔다.

★

이 책은 동네 사람들에게 사랑받지만, 이제는 멸종 직전이라고 해도 과언이 아닌 정식집의 이야기를 담았다. 식당 주인들이 온갖 어려움을 헤치며 꾸려가는 속내와 그러한 식당을 응원하는 손님들의 이야기, 장인 정신이 빛나는 일품요리를 따라간다. 이는 전혀 예상하지 못했던 코로나19 팬데믹 기간까지 포함한 6년 동안의 이야기이며, 정식집이 긍지와 자부심을 가지고 살아가는 재생의 기록이기도 하다.

정식집은 알면 알수록 절대로 사라지면 안 되는 동네의 장치라는 생각이 든다. 맛있고 잠시 행복해질 수 있고 기운을 얻을 수 있기 때문이다.

지금은 만드는 이의 얼굴이 보이지 않는 요리가 손가락 하나만 까닥하면 배달되는 시대다. 그러한 현대를 살고 있기 때문에 더욱더 필요한 온기와 기운을 얻을 수 있는 정식집이라는 장소로 다 함께 가보면 어떨까?

시작하며
　　　산카쿠　　　　　　　　　　5

밥집 훗토코　　　　　　　　　17

마루켄식당　　　　　　　　　31

미즈구치식당　　　　　　　　39

밥집 아다치　　　　　　　　　51

민테이　　　　　　　　　　　61

네코니코반　　　　　　　　　73

사사키식당　　　　　　　　　79

Teishoku 미마쓰　　　　　　　91

킷사 레스토랑 나와　　　　　97

사라시나　　　　　　　　　　105

히시다야　　　　　　　　　　113

마루쇼중화요리점　　　　　　125

시모투식당　　　　　　　　　131

한국시골가정요리 도코	137
키친 ABC	145
기사라기테이	159
대중일본요리 아지토메	173
식당 나가노야	179
식당 쓰쿠바	193
조주안	201
야시로식당	209
불도그	217
스이메이테이	229

앞으로를 향해
　　다시, 산카쿠　　　　　　　　243

가부키초에서 여전히 사랑받는 편안한 보루

밥집 홋토코(めし処 ひょっとこ)

신주쿠 가부키초(歌舞伎町)에 홋토코라는 유명하고
맛있는 정식집이 있다는 소리에 스마트폰 지도에
의지해 향했지만, 낯선 동네라서 그런지 5분이면 가는
곳에 20분이나 걸려 도착했다. 게다가 골목길 한 구역에
가게가 여덟 곳에서 열 곳이나 빼곡하게 자리해 있어
찾기가 어려웠다. 찾다 찾다 더는 안 되겠다 싶어 거의
포기한 순간, 좁은 입구에 포렴을 건 작은 가게가 눈에
들어왔다. 세월의 흔적이 느껴지는 쪽 염색된 포렴에는
'밥집(めし処)'이라는 글씨만 하얗게 들어가 있었다.

영업은 오후 5시부터였다. 아직 10분 정도 시간이
남아 있었지만, 조심스럽게 "들어가도 괜찮을까요?"
하고 포렴을 걷고 들어섰다. 그러자 엄마뻘 되어 보이는
여주인이 영업 준비를 하면서 "들어오세요. 근데 아직
준비 중이라 조금 정신없을 텐데 괜찮아요?" 하고 말하며
살가운 미소를 띤 얼굴로 쾌활하게 맞아 주었다.

건물은 낡았지만, 벽지와 카운터는 새롭게 단장해
식당 안은 청결했다. 좌석은 여덟 석뿐으로 안쪽까지 좁고
긴 카운터가 이어져 있었다. BGM으로 엔카(演歌) 가수
미야코 하루미(都はるみ)의 곡이 흘러 나왔다.

누가 보아도 이 가게에 처음 온 게 티가 나는 나를
여주인이 반갑게 맞았다. 유흥가인 가부키초라는 동네에서
긴장한 상태로 같은 골목을 몇 번이나 왔다 갔다 해서

지쳤는지 그러한 환대가 마음에 스며들었다.

"우리 식당은 에비스, 기린, 삿포로 등 어떤 회사 맥주든 다 있어요."

"빨간 별이 들어간 삿포로 라거 맥주도 있나요?"

"물론이죠!"

카운터석으로 안내를 받아 앉자, 눈앞의 유리 케이스에는 윤기가 감도는 소스에 푹 절인 조청빛의 은대구 예닐곱 마리가 마치 얼른 맛보라는 듯이 알루미늄 트레이에 가지런히 놓여 있었다. 그 옆에서 여주인이 빠릿빠릿한 솜씨로 푸성귀 나물, 강낭콩볶음, 두툼한 두부튀김조림(厚揚げ), 달달한 무조림을 담아 진열했다.

집에서는 조림 요리를 한 번에 여러 가지 만들어 먹기 힘들다. 그래서일까? 그 반찬들을 보면서 지금 나는 이런 반찬을 조금씩 몇 접시나 먹고 싶었구나 하고 깨달았다. 조금씩 담겨 나오는 반찬을 여러 개 고를 수 있는 정식집은 더할 나위 없이 행복한 나라다.

오늘은 저녁부터 맥주와 아주 맛있는 조림을 안주 삼아 혼술을 해야겠다고 마음먹었다. 은대구조림정식 (銀だら煮付け定食)에는 밥과 된장국 외에도 채소볶음에 오늘의 반찬 두 가지가 함께 나온다. 맥주를 마시고 싶은 기분이라 여주인에게 상의했다.

"은대구조림정식에서 밥은 뺄 수 있나요?"

"네, 물론이죠. 나중에 먹고 싶으면 말해요."

채소볶음에는 감자, 당근, 죽순, 연근, 곤약, 두부튀김조림, 사쓰마아게(さつま揚げ) 어묵이 들어가 있었다. 채소볶음과 무채로 만든 반찬을 안주 삼아

병맥주를 잔에 따라 꿀꺽꿀꺽 마셨다. 그리고 머위
조림과 강낭콩 볶음을 주문했다. 조림에 들어간 채소는
큼직큼직한데도 모두 양념이 잘 배어들어 있었다.
채소마다 식감이 적당히 남아 있어 좀 감격했다. 전부 다
한꺼번에 넣고 졸이면 이런 식감은 나올 수 없다. 감자가
너무 익어 부서져 있지 않은 게 그 증거였다.

　은대구조림은 진한 단맛과 함께 깊은 맛이 느껴졌다.
맥주를 마시지 않았다면 무조건 흰밥을 주문했을 것이다.

　정식집을 돌아다니며 밥을 먹다 보면 이렇게
행복으로 넘치는 나라를 아저씨 이외의 사람들도 좀
더 즐겼으면 좋겠다고 생각하게 된다. 여성 전업주부는
물론이고 남성 전업주부, 요리를 좋아하는 사람도 가서
먹어보았으면 좋겠다. 감자와 죽순, 당근을 따로따로 조려
제대로 만드는 정식집 조림에는 그야말로 사치스러운
시간이 그 안에 꽉 차 있다.

　저녁 시간에 가부키초 한가운데에서 제대로 잘 만든
맛있는 조림을 한껏 즐기는데 단골로 보이는 손님이 두
팀 들어왔다. 한 팀은 허스키한 목소리에 긴 머리를 하고
스타일이 좋은 50대 정도의 남성이 젊은 남성과 함께 왔다.
두 사람 모두 늘씬해서 밤의 조명 아래에서 보면 훨씬 더
젊어 보일 듯했다. 허스키한 목소리의 남자는 유흥업소
종사자인듯, 같이 들어온 젊은 남성의 면접을 끝내고 온
것 같았다. 그 사람은 앉자마자 익숙하다는 듯이 "어머니,
은대구조림정식 두 개 주세요." 하고 말하며 젊은 남자에게
여기 음식은 언제 먹어도 맛있다고 귀띔했다.

　또 다른 손님은 계산기와 공책을 든 30대 정도 되어

보이는 남자였다. 늘 그렇다는 듯이 전갱이구이정식을
주문했다. 커다란 전갱이를 입안 가득 베어 물고
만족스럽다는 표정을 지었다.

가부키초에 옛날부터 있는 정식집이라는 설정의
드라마를 상상했을 때 떠오를 법한 광경이 이 식당에서는
그대로 펼쳐진다. 공기주머니처럼 작고 아늑한 공간.
이렇게 마음이 편안해지는 멋진 식당이 현실에
존재하는구나 싶었다. 더군다나 이곳은 약 70년 동안
실제로 영업하며 완성된 진짜다.

존속의 위기에 빠지다

어머니라고 불린 여주인은 사토 후미에(佐藤文江) 씨,
채소가 담긴 상자를 가게 뒤로 옮기고 도시락 주문을
확인하면서 바지런히 일하는 남성은 사위인 스기모토
아키라(杉元明) 씨였다. 이 두 사람에게도, 가게에도 의외의
사연이 있었다. 전환점은 코로나19였다.

"코로나19가 유행하기 시작한 첫해 봄, 갑자기
가부키초에서 가게의 불빛도 사람도 사라졌어요. 우리
같은 소규모 음식점에게는 엄청난 타격이었죠. 저녁
6시에서 새벽 4시까지 영업했는데 영업시간 단축 요청으로
밤 8시에 문을 닫아야 하니 손님이 뚝 끊기더라고요.
70대인 장인장모님이 우버 같은 배달에 대응할 수 있을
리도 만무했고요. 앞날이 막막해 가게 존속에 큰 어려움이
있었죠."

사위인 아키라 씨는 전 프로 스노보드 선수다. 아내인

스기모토 마도카(杉元円) 씨와는 스키장에서 처음 만났다. 오랫동안 스노보드 옷을 디자인했는데 외국인 관광객을 대상으로 한 배송 서비스 등을 시작했을 무렵 코로나19가 퍼지기 시작해 일시적으로 운영을 중단했다. 아키라 씨는 낙담해 있는 장인장모를 보다 못해 본업에 복귀하는 날까지라면서 돕기로 했다.

먼저 도시락이나 배달 응대에 착수했다. 직접 가게에 나와 점심 영업도 시작했다. 그리고 크라우드 펀딩을 기획했다.

"당시는 정부에서 보조금이 나올 때도 아니었고 코로나19가 언제 잦아들지도 전혀 알 수 없었죠. 그래서 당분간 필요한 가게 임대료와 공과금 등 유지비와 함께, 앞으로도 감염에 주의하며 오래 가게를 꾸려갈 수 있도록 낡은 설비와 벽지, 화장실, 유리 쇼케이스 교체 등 개보수 비용을 마련하기 위해 크라우드 펀딩으로 후원을 부탁했어요."

펀딩을 통해 친구와 지인, 단골이 중심이 되어 122만 엔이 모였다.

마도카 씨는 가부키초에 있는 도쿄도립오쿠보병원(東京都立大久保病院)에서 태어났으며 지금은 요시모토코교(吉本興業) 도쿄본부라는 희극인 소속사로 사용되고 있는 요쓰야제5초등학교 (四谷第五小学校)를 나왔다. 그러니 가부키초에서 태어나 가부키초에서 자란 토박이다. 학교를 함께 다닌 동창생들 대부분도 신주쿠가 고향으로, 지금은 부모에게서 건물이나 음식점을 물려받아 경영하고 있었고 똑같이 코로나19로

구 신주쿠코마극장의 대기실 도시락으로
사랑받았고 지금은 김을 넣는 특제노리벤도시락은
'마쓰' '다케' '우메' 등 세 종류로 예약할 수 있다.
오른쪽 위 사진은 마쓰 도시락이다. 모두의 어머니인
사토 후미에 씨와 사위 아키라 씨. 아래는 아키라 씨의
잊을 수 없는 맛 포크소테정식이다.

힘든 날을 보내고 있었다. 그러한 동료들이 개보수 전 대청소를 자처했다. 후미에 씨는 말한다.

"코로나19 팬데믹이 되었지만, 가게를 그만두어야겠다고 생각할 겨를도 없었어요. 사위가 포장 판매를 하자는 둥 점심 장사를 하자는 둥 이거 하자, 저거 하자고 계속해서 제안했거든요. 저는 그냥 따라갈 뿐이었죠."

그런데 가족이 똘똘 뭉쳐 열심히 꾸려가는 와중에 가게의 기둥이었던 장인어른이 병으로 타계했다. 낙심한 후미에 씨에게 아키라 씨가 말했다.

"어머니, 그만두면 안 돼요. 앞으로 30년은 더 합시다!"

사위나 딸이 없었다면 아마 그만두었을 거예요. 쑥스러웠는지 딸 부부와 조금 떨어진 곳에서 후미에 씨가 나에게 몰래 말했다.

코로나19 때문에 일이 한가해졌다고는 해도 본업에 집중하던 아키라 씨가 왜 전혀 다른 분야의 일을 이렇게까지 열심히 했을까?

"아내와 사귀기 시작한 스물대여섯 무렵에 처음으로 부모님이 하는 가게라면서 아내가 저를 이 식당으로 데려왔어요. 그때 은대구조림과 돼지고기를 버터로 익힌 포크소테(ポークソテー)를 먹었죠. 근데 어찌나 맛있던지 배부르게 먹고 나서 역시 직접 온갖 정성을 들여 만든 음식은 맛있구나, 보기에는 화려하지 않아도 이것이야말로 진정한 한 끼 식사라는 생각이 들면서 감동했어요."

특히 충격을 받은 것이 조림에 들어가는 감자였다고 한다.

"보통 조림에 들어가는 감자는 포슬포슬하고 잘 부서지잖아요. 홋토코의 음식에 들어가는 감자는 달콤짭쪼름한 소스에 잘 버무려져 표면이 촉촉해요. 이런 감자는 처음이었죠. 자주 먹다 보니 같은 감자여도 품종이나 계절에 따라 다르게 양념한다는 사실을 알았어요. 호박도 촉촉하거나 포슬포슬할 때가 있어요. 내가 아주 좋아하는 종류의 밥을 먹을 수 있는 식당이 가부키초 한가운데에 아직 있다는 게 신기했고 먹으면 먹을수록 놀라움이 커졌습니다."

십수 년 전에 처음 맛본 맛을 선명하게 기억하는 아키라 씨와는 비교도 안 되겠지만, 나도 처음 식당에 방문해 조림과 은대구 요리를 먹었을 때 느꼈던 그 감동은 머릿속 미각세포에 선명하게 각인되어 있다. 모든 요리가 양념이나 조리 방법이 비슷하고 소박하지만, 어딘지 그리우면서 상냥해 먹고 후회하지 않을 맛이다.

홋토코의 요리가 인상 깊게 각인된 데는 요리 하나하나에 얼마나 많은 정성을 들이는지 굳이 설명하지 않아도 딱 한 입만 먹어보면 전해지기 때문이다. 멸치와 함께 버무린 시금치나물은 시금치가 흐물흐물하지 않고 가벼운 식감이 그대로 남아 있었다. 게다가 줄기에서는 건강한 단맛도 느껴졌다. 6-7밀리미터 두께로 일정하게 채 썬 모습이 아름다운 우엉조림은 깊은 맛이 느껴지고 달고 짭짤해 그야말로 밥도둑이다.

후미에 씨 말에 따르면 단맛은 모두 굵은 설탕으로 낸다고 한다. 굵은 설탕은 하얀 설탕과 달리 천천히 녹기 때문에 맛이 잘 스며들어 조금만 넣어도 깊은 맛을 내니

조림에 아주 알맞다.

된장국은 누룩과 콩으로 만드는 쌀된장인 신슈된장(信州味噌)을 다시마와 가쓰오부시 맛국물에 풀어 만든다. 내가 방문한 날은 작은 바지락이 많이 들어 있었다.

숨은 명물인 낫토오믈렛(納豆オムレツ)은 세 명이 먹기에 딱 좋다. 표면은 노릇노릇한 옅은 갈색이다. 레몬색의 폭신한 양식집 오믈렛이 아니라, 밥상 위의 흰 쌀밥과 잘 어울리는 정통 일본식 오믈렛이다. "맛의 비법은 낫토 양념이에요." 후미에 씨가 말했다.

배고픈 젊은이들의 속을 든든히 채워 주는 포크소테는 식감이 퍽퍽하지 않고 부드럽다. 간장 양념의 향기가 감도는 돼지고기와 함께 기계를 전혀 사용하지 않고 직접 채 썬 양배추를 곁들여 입으로 가져가면 입안에서 기름기가 조절되어 뒷맛이 깔끔하다.

야쿠자 부하도 동경하던 가쿠야도시락

제2차 세계대전이 끝난 뒤 암시장이 들어섰던 신주쿠역(新宿駅) 동쪽 출구 근처에서 홋토코는 처음 문을 열었다. 역 주변 개발로 구야쿠쇼도리(区役所通り) 길가로 이전해 가게 이름을 나카가와(那珂川)에서 지금의 '홋코토'로 변경했고 이후 거품 경제 시기에 개발의 영향을 받아 가부키초로 이전했다.

방송국 니혼테레비(日本テレビ)나 후지테레비(フジテレビ)가 신주쿠구에 있던 무렵에는 특히 텔레비전방송국 관계자로 식당 안은 북적였다. 또한

신주쿠코마극장(新宿コマ劇場)에서 공연하는 가수가 대기실에서 먹을 가쿠야도시락(楽屋弁当)을 배달하면서 연예인이나 스포츠 선수에게 많은 사랑을 받았다.

"남성 유흥업소 종사자, 호객 행위를 하는 사람, 야쿠자, 음식점 관계자 등 모두 가부키초의 주민들이에요. 홋토코는 아주 다양한 사람이 옵니다." 아키라 씨가 말했다.

가수 기타지마 사부로(北島三郎) 씨나 유미 가오루(由美かおる) 씨가 아주 좋아했다는 2,000엔짜리 '가쿠야도시락'은 호화롭다. 은대구조림, 새우소금구이, 크림크로켓, 빨간 비엔나소시지, 달걀프라이, 각종 조림(무, 죽순, 두부튀김조림, 곤약, 당근), 스키야키풍 실곤약, 가지된장구이, 명란다시마조림, 연어알젓, 마카로니 샐러드, 얼룩이강낭콩, 채소절임으로 가득 채워진다. 지금은 도야마산(富山県産) 고시히카리(コシヒカリ)로 지은 밥 사이에 간장에 적신 김이 2단으로 들어간 특제 노리벤도시락(特製のり弁)으로 제공되며, 반찬 가짓수와 양에 따라 '우메(梅)' '다케(竹)' '마쓰(松)'로 주문할 수 있다.

후미에 씨 말에 따르면 "야쿠자 부하였던 사람이 있는데 모시던 형님이 늘 이 가쿠야도시락을 주문해서 자주 심부름으로 왔다면서 나도 언젠가 홋토코의 2,000엔짜리 도시락을 먹어야지 다짐했다고 하더라고요. 나중에 그 사람이 높은 사람이 되어서 정말 먹으러 왔는데 참 좋아했어요."

홋토코에서 술을 마시고 돌아가는 길에 수험생인 딸과 아내를 위해 가장 푸짐한 마쓰 도시락을 두 개

포장해 가는 회사원도 있었다. 기분 좋은 날 선물로 전하고 싶어지는 도시락을 판매하는 정식집은 좀처럼 볼 수 없다.

가부키초의 가게들은 금세 바뀐다. 하지만 형님이 먹던 가쿠야도시락을 동경하던 부하처럼 이 가게가 인생의 한 자락을 장식했던 사람은 많다.

선뜻 들어가기 어렵다, 가부키초에 가면 왠지 모르게 긴장한다. 이렇게 생각하는 사람에게 알려주고 싶다. 이 동네의 깊이를 몰랐던 옛날의 나에게도 알려주고 싶다. 가부키초 한가운데에 당신이 고향에서 경험했을 그런 맛을 약 70년 동안 우직하게 지키는 가게가 있다고 말이다.

한 사람이 줄었지만, 홋토코의 맛을 사랑하는 사람이 한 사람 가족으로 늘었으니 적어도 앞으로 30년은 이어질 것이다.

후미에 씨의 바람은 죽을 때까지 식당을 꾸려가는 것이다. 아키라 씨의 바람은 망상이지만, 그날 영업이 끝난 후에 '숨겨진 밥집 홋토코'로 심야 식당을 꾸려가는 것이라고 한다.

전쟁 당시부터 영업을 이어오고 있는 신주쿠역 남쪽 출구에 자리한 나가노야(長野屋, 179쪽). 가부키초의 홋토코. 신주쿠에는 맛있고 저렴한 정식집을 찾으면 마치 기적처럼 반드시 있다. 깜빡했는데 홋토코는 일본 전통주인 사케가 1홉에 400엔이다.

도쿄도 신주쿠구 가부키초 1-9-8 아사히빌딩 1층

멘치카츠정식 530엔, 단골이 집 밥 해먹기를 포기하는 식당
마루켄식당(まるけん食堂)

북적이는 기치조지선로드상점가(吉祥寺サンロード商店街)를
벗어나 간선도로인 이쓰카이치카이도(五日市街道)를
건너면 갑자기 조용한 주택가가 펼쳐진다. 고급주택이나
세련된 맨션이 즐비한 길을 따라가다 보면 그 끝에
1959년 문을 연 정식집이 있다고는 믿기 어려울 만큼
정적이 흐르는 동네에 마루켄식당이 수줍게 자리한다.
1.8미터 정도 되는 좁은 입구의 문을 열고 들어서자 사토
요시미(佐藤好美) 씨가 온화하게 "어서 오세요." 하고
인사했다. 주방에서는 남동생 야마기시 세이지(山岸清治)
씨가 커다란 웍을 흔들며 요리하고 있었다. 테이블은 단
세 개뿐. 합석이 일반적이어서 밤에는 옆자리에 앉은
사람끼리 금세 친해진다고 한다.

    1988년 1대 주인인 아버지가 식당 건물을
재건축했다. 그래서 식당은 청결하고 아담하면서 차분한
분위기가 감돈다. 일하다가 혼자 가벼운 마음으로
들렀는데 벽을 바라보는 2인석이 왠지 편해 보였다. 주문한
요리가 놓일 때까지 스마트폰으로 메시지를 확인하기에도,
밥을 먹기에도, 책을 읽기에도 좋아 혼자서 집중할 수
있었다. 요시미 씨가 말했다.

    "이곳은 커플 특등석이에요. 벽을 보고 나란히 앉을
수 있으니까 둘만의 세계에 빠질 수 있죠."

    저녁 영업은 밤 9시까지다. 어스름해지기 시작하는

시간부터는 술을 마시는 손님이 주로 온다. 가끔 세이지 씨가 이야기 나누는 사람들 사이에 합류하면 처음 온 손님이든 단골이든 할 것 없이 자연스럽게 대화가 시작된다.

이 식당의 특징은 정성이 가득 담긴 요리만 보아서는 믿기지 않을 정도로 아주 저렴하다는 점이다. 돈가스정식 700엔, 카레라이스 650엔, 다진 고기에 다진 양파 등을 넣어 둥글게 튀긴 멘치카쓰(メンチカツ)는 두 개에 320엔이다. 갈아낸 무 위에 잔멸치를 듬뿍 올린 시라스오로시(シラスおろし)나, 마찬가지로 갈아낸 무에 팽이버섯을 가득 올린 나메타케오로시(ナメタケおろし)는 각각 160엔이다. 이런 조금씩 담겨 나오는 요리들이 어느 것 하나 빠지지 않고 다 맛있다. 160엔이니까 이 정도면 될 거라면서 요행을 피운 흔적이 전혀 보이지 않는다. "돈가스만 먹으면 영양이 부족하니 무도 많이 드셨으면 좋겠더라고요." 세이지 씨의 말이다.

근처에 살아 매일 온다는 20대 후반쯤 되는 남성은 고기구이인 야키니쿠(焼き肉), 카레, 돈가스가 올라간 가쓰카레(カツカレー)를 번갈아가면서 시키는데 전혀 물리지 않는단다. 오늘은 접시에 돈가스가 한가득 담긴 가쓰카레를 입안 가득 베어 물고 아주 먹음직스럽게 먹었다. 그 모습을 보고 나도 모르게 카레를 추가로 주문했다. 양파나 당근은 흐물흐물하지 않고 식감이 적당히 남아 씹는 맛이 있었다. 카레는 요리 솜씨가 좋은 어머니가 해주는 듯한 가정식 카레로 어딘지 향수가 느껴지는 맛이었다. 다른 단골이 맞장구를 치며 말했다.

"이 식당 요리는 그리운 어머니의 손맛에 가까워요. 그러니 매일 와도 질리지 않죠."

800엔인 오늘의 정식 메뉴도 인기가 있는데 주요리가 두 종류 함께 나온다. 내가 가게에 간 날은 돼지고기 등심살로 만든 돼지고기등심생강구이(ロースの生姜焼き)와 햄카쓰가 같이 나왔는데 둘 중 하나만 골라야 한다고 오해하는 손님도 있었다. 이날 정식에는 갈아낸 참마 안에 메추리알을 넣은 요리도 곁들여져 있었다. "어떻게 이 가격에 파세요?" 이렇게 묻자 세이지 씨가 "임대료가 들지 않으니까요."라고 대답했다.

도쿄에서 오랫동안 맥을 잇는 정식집은 자신들이 소유한 집이나 빌딩에서 장사하는 가게가 압도적으로 많다. 그렇지 않으면 가족끼리 경영하는 가게에서 이 가격을 유지하는 일은 거의 불가능할지 모른다.

1989년 타계한 1대 주인 겐지(賢治) 씨는 마루노우치(丸の內)에 있는 식당에서 요리사로 근무했다. 당시 기치조지는 하모니카요코초(ハモニカ橫丁)라는 먹자골목만 있었을 뿐, 선로드상점가도 존재하지 않았고 주변은 온통 잡목림뿐이었다. 겐지 씨는 굳은 결심을 하고 회사를 그만둔 뒤 아내인 야에(ヤエ) 씨와 함께 동네에서 식당을 시작했다. 가게 이름 '마루켄'은 겐지 씨의 이름에서 따왔으며 '어떤 일이든 현명하게 두루두루 잘 해결되기를 바란다.'라는 뜻을 담고 있다.

겐지 씨가 식당을 꾸려가던 시절에는 이곳이 택시 운전기사들의 사교의 장이었기 때문에 어느 길에 손님이 있다는 둥 정보 교환을 하는 곳이었다고 한다. 첫째 딸인

2019년 당시에는 현재 320엔인
두툼한 두부튀김조림이
무려 210엔, 등심돈가스정식
(ロースカツ定食)은 650엔,
잔에 한가득 따라 받쳐 놓은
접시에까지 흘러넘치는
사케가 380엔이었다
(오른쪽 아래 메뉴 푯말).
나마아게조림은 밥그릇보다도
크다(왼쪽 가운데).

요시미 씨는 학교 동아리 활동을 그만두고 어렸을 때부터 가업을 도왔다. 그때도 지금처럼 분명 주변 사람들을 밝고 세심하게 배려하는 가게의 마스코트로 존재했을 것이다. 그래서일까? 혼기가 찼을 무렵부터 단골들이 선 자리를 여러 차례 주선했다. 그렇지만 전부 다 거절하고 회사원과 결혼했다.

"소개받은 사람들 대부분이 자영업자였어요. 남편이 회사원이면 제가 낮에 집을 비우고 본가의 식당을 도우러 올 수 있잖아요. 그래서 꼭 회사원과 결혼해야겠다고 마음을 먹었죠."

일에 대한 보람이나 식당을 반드시 지킬 거라는 등 거창한 생각은 전혀 느낄 수 없다. 부모님이 새벽부터 일어나 하루 종일 일하며 지켜온 본가의 식당을 돕는 일은 결코 특별한 일이 아닌, 딸로서 당연한 일이라고 받아들인 것은 아닐까? 바로 얼마 전까지 일본에서 장사하는 사람들 대부분이 그러했듯이.

70대가 된 지금도 요시미 씨는 남편과 사는 신우라야스(新浦安)에서 아침 5시 53분에 출발하는 전철을 타고 가게에 온다. 동생인 세이지 씨도 요시미 씨와 비슷한 마음으로 어렸을 때부터 식당을 도왔다. 그러던 어느 날 아버지가 암으로 갑자기 세상을 떠났다.

원칙은 음식을 미리 만들어 두지 않는 것

아버지가 돌아가시고 30년 동안 세이지 씨, 요시미 씨, 어머니 야에 씨 셋이서 가게를 꾸려 왔다. 어머니는 새로운 메뉴를 고안하는 일은 물론, 멘치카쓰 등 단품 요리에 320엔만 추가하면 정식으로 먹을 수 있는 새로운 방식을 만들었다. 허리를 다치기 얼마 전까지만 해도 가게에 나왔고, 아흔여섯인 지금도 종종 간을 보는 일을 맡는다.

세이지 씨는 마카로니샐러드와 돈가스가 들어가는 가쓰 요리의 밑준비를 제외하고는 모두 주문이 들어오면 그때그때 조리한다.

"30년 가까이 겨울에도 음식을 미리 만들어 두지 않아요. 한 텔레비전 방송에서 음식을 만들어 두면 균이 번식하기 쉽다는 걸 봤거든요. 그래서 저희 식당은 요리가 조금 늦게 나올지도 몰라요."

그러고 보니 문고판 책을 8-9쪽 정도 다 읽었을 무렵에 요리가 나왔던 듯하다. 카레도 주문이 들어오면 채소를 볶고 푹 익힌다. 그걸 보고 그래서 아삭한 식감이 남아 있구나, 하고 이해했다.

"손님은 뭘 먹을지 늘 고민하고 저희도 느긋하게 만들어요. 그러니 조급해하지 말고 천천히 고르고 정해지면 부르라고 이야기합니다." 요시미 씨가 말했다.

매일 식당에 온다는 네일리스트인 젊은 여자 손님은 "아주 맛있고 채소도 생선도 많이 먹을 수 있으니까 결국 집에서 점심밥 만드는 걸 포기했어요."라고 말했다.

320엔인 가지볶음도 살강살강한 식감이 남아 맛있었다. 어떤 요리든 비슷한 크기로 손질되어 보기에도 좋으니 역시 전문가답다. 밤에 오는 단골은 "테니스를 함께 치는 동료와 배부르게 먹고 마셔도 한 사람당 2,000엔도 안 나와요."라면서 여기 기치조지 맞느냐며 재차 확인했다.

혼자든 여럿이든, 젊은 사람이든 나이 든 사람이든 모두 모인다. 그런 누군가의 집 거실 같은 이 식당에서 꼭 기억하고 먹어야 할 것이 또 하나 있다. 바로 두부를 튀겨서 조린 나마아게조림(生揚げ煮)이다. 커다란 두부튀김조림이 세 덩이 담겨 나오는데 320엔이다. 두부튀김조림이라고 하면 단단한 두부를 튀겨서 표면이 딱딱하다는 인상이 있는데 마루켄의 두부튀김조림은 부들부들한 연두부를 사용해 식감이 부드럽다. 간이 세지 않고 살짝 달짝지근한 맛국물에 담겨 나오는데 다른 곳에서는 경험할 수 없는 맛이다. 그런데 세 덩이는 다 먹으면 배가 너무 부른다. 다른 음식이 팔리지 않으면 어쩌지, 하고 걱정되어 괜한 진언을 했다. "두 덩이만 내놓거나 세 덩이라면 가격을 올리면 어떠세요?"

"부가세가 오른다면 뭔가 대책을 세워야 하겠죠. 근데 두부튀김조림은 세 덩이로 자르면 남지 않아 딱 좋아요."

욕심이라고는 찾아볼 수 없었다. 다음에는 꼭 저녁에 와서 두부튀김조림과 맥주를 마셔야겠다.

기치조지히가시초 1-6-14

[그 후의 이야기]
취재 후 어머니 야에 씨의 허리 통증이 악화되었다. 그로부터 3년 동안 어머니를 간호하기 위해 요시미 씨는 기치조지의 본가에서 지내며 식당 영업을 함께했다. 2023년, 어머니가 아흔여덟의 나이로 세상을 뜬 뒤, 지금은 영업시간 등에 다소 변화를 주면서 누나와 동생이 힘을 합쳐 가족이 쌓아온 맛을 지키고 있다.

영화 산업이 쇠퇴해 가는 모습을 지켜본 아사쿠사의 노포
미즈구치식당(水口食堂)

"이 동네에는 영화관이 열 곳 이상 있었죠. 규모가 큰 음식점 같은 곳에는 설날 명절에 연예인이 인사하러 오곤 했어요. 어린 견습생이 돈을 모아서 한 달에 한 번 영화를 보고 영화관 거리에서 밥을 먹는 것이 누릴 수 있는 최대의 낙이었던 그런 시절이 있었죠."

식당 바로 옆에 있는 롯쿠브로드웨이(六区ブロードウェイ)라는 큰길은 과거에 '롯쿠영화관거리(六区映画館通り)'라고 불리며 매일 사람으로 넘쳐나 제대로 걸을 수 없을 정도였다. 지금은 상업시설인 아사쿠사록스(浅草ROX), 라쿠고 공연장 아사쿠사엔게이홀(浅草演芸ホール)을 중심으로 크고 작은 음식점이 빼곡하게 모여 있다. 그렇지만 아사쿠사에 영화관은 이제 한 곳도 남아 있지 않다.

미즈구치식당의 2대 여주인 미즈구치 하쓰네(水口初音) 씨는 전쟁 후 아사쿠사 거리에 넘쳐나던 활기를 마치 영화의 서두처럼 술회했다.

하쓰네 씨의 아버지는 전쟁 전 아사쿠사미스지도리(浅草三筋通り) 길가에 요리사와 둘이서 식당 후지타야(富士田屋)를 시작했다. 당시에는 메뉴도 많지 않았던 데다가 식권을 사서 주문하는 식당이었다. 그런데 1945년 3월 10일 도쿄대공습으로 가게가 흔적도 없이 사라졌다. 전쟁이 끝나고 5년 뒤인 1950년, 영화관거리로 자리를

옮겨 미즈구치식당이라는 이름을 내걸고 다시 문을
열었다.

　　미즈구치식당은 싸고 맛있고 신선한 제철 생선과
채소 요리를 다양하게 갖추고 있다. 고기 요리도 푸짐하게
나온다. 영화가 사양 산업이 되어 롯쿠영화관거리가
한산해지던 무렵까지 이 식당은 영화를 보고 돌아가는
손님이나 카바레에서 일하는 밴드 등 롯쿠에서 일하는
사람들의 뱃속을 든든하게 채워 주었다.

　　영화의 불빛이 사라진 뒤로 식당에는 길고 힘든
시간이 이어졌다. 그렇지만 2005년 수도권 신도시 철도
쓰쿠바익스프레스(つくばエクスプレス) 개통을 계기로
쓰쿠바익스프레스 아사쿠사역(浅草駅)에서 도보 1분
거리에 자리한 미즈구치식당은 다시 활기의 중심으로
거듭나 입소문을 타고 손님들의 발길이 줄을 이었다.
인력거를 끄는 아르바이트 젊은이들 사이에서는 영양
보충을 위한 휴식처라고 불릴 정도로 유명하다.

　　그리고 최근에는 SNS로 알게 된 남녀노소는
물론이고 해외에서 오는 손님의 발길이 연일 끊이지
않는다. 모두 눈을 동그랗게 뜨고 놀라면서 자기 앞에 놓인
요리 사진을 찍는다. 옛날부터 지켜온 요리와 영업 방식이
인기를 끌고 있는 것이다.

　　2010년에 3대 주인으로 가게를 이은 셋째 아들 준(淳)
씨는 묵묵히 주방에서 일한다. 준 씨의 아내인 유코(裕子)
씨는 홀 담당이다. 2대 주인인 하쓰네 씨의 남편 다다시(正)
씨는 현재 여든셋으로 계산대에서 계산을 맡거나 전화를
받는다. 하쓰네 씨는 카운터 끝에 서서 음식을 나르며 가게

전체를 챙긴다.

수많은 정식집을 찾아다니면서 나는 가족이
경영하는 식당만의 독특한 분위기가 있다는 사실을
깨달았다. 주방과 홀의 호흡이 척척 맞고, 가게의 분위기와
상황을 파악해 물 흐르듯이 순조롭게 맛있는 요리를
내놓기 때문에 가게에 들어서면서부터 계산할 때까지
편안하게 지낼 수 있다. 가게를 지켜온 조부모님이나
부모님의 모습을 보고 자란 사람은 가게에 대한 애정과
각오도 남다르다. 파트 타이머나 아르바이트 직원도
그런 분위기에 자연스럽게 녹아든다. 그러한 공기가 이
가게에도 흐르고 있었다.

참치 판매상과 나눈 약속

식당을 시작했을 때부터 지금까지 변함없는 요리가 몇
가지 있다. 함박스테이크, 마파두부, 수제 마요네즈가
들어가는 감자샐러드, 그리고 요리사와 고안한 명물
이리부타(いり豚)다. 이리부타는 돼지고기와 양파를 카레
풍미로 노릇노릇하게 볶아 내놓는 요리로, 돼지고기를
케첩으로 볶는 포크케첩(ポークケチャップ)과 비슷하지만,
더 달콤짭짜름하면서 맛에 깊이가 있으며 살짝 산미가
느껴진다. 여주인은 "레시피는 기업 비밀이에요."라고
미안하다는 듯이 말했다.

벽 한쪽에는 메뉴명이 적힌 판이 빼곡하게 걸려
있어 그 모습이 압권이었다. 이리부타만큼이나 진심으로
추천하고 싶은 메뉴가 너무 많아 이 기획의 편집자인

단골들이 '어머니'라고 부르며 따르는
늘 웃는 얼굴의 하쓰네 씨. 수제 모듬
쌀겨절임은 600엔으로 갈 때마다
꼭 주문하고 싶을 정도로 맛있다.
정식에서 밥을 '소' 자로 주문하면
50엔을 깎아 주고, '곱빼기'는 100엔이
추가된다. 사진의 맨 오른쪽 가운데
밥이 일반적인 양이다.

모토(モト) 씨와 어떤 메뉴로 사진을 찍을지 30분 이상 고민했다.

이날 취재를 위해 사진가인 난바 유지(難波雄史) 씨와 셋이서 세 개의 정식, 여섯 개의 반찬을 싹싹 비웠다. 게다가 촬영 후에는 터질 것 같은 배를 부여잡고도 뭔가 아쉬워 '이제부터는 개인 시간'이라면서 자리를 잡고 앉았다. 그리고 여주인이 강력 추천하는 고기두부(肉豆腐)를 먹었다. 이미 촬영을 끝낸 감자샐러드나 크로켓도 다시 주문했다. 모든 음식이 환상적으로 맛있었다.

두툼한참치정식(マグロぶつ切り定食)은 바닥에 깔린 무채 위에 중뱃살처럼 윤기가 잘잘 흐르는 분홍빛의 참치가 두툼하게 올라가 있었는데 참치 살에 기름기가 돌아 입안에서 살살 녹았다. 고추냉이 아래에 간 무가 숨어 있어 함께 먹으니 입안이 깔끔해졌다. 된장국에는 바지락이 가득했다. 문어미역초절임, 채소절임에 밥까지 포함해 1,200엔. 도대체 어떻게 이 가격에 내놓을 수 있을까?

"참치는 선대부터 이어진 인연으로 쓰키지의 어시장에 친하게 지내는 판매상이 있어요. 초밥집에 들어가는 재료와 똑같은 것을 특별히 싸게 들여옵니다." 하쓰네 씨가 말했다.

판매상은 한 달에 한 번 이곳에 와 밥을 먹는 일이 큰 낙인 젊은이들에게 아주 맛있는 회를 1엔이라도 싸게 내놓고 싶다는 선대의 마음에 깊이 공감했다고 한다. 그런데 도매로 싸게 들여와도 가게에서 가격을 비싸게

붙여 판매하는 경우도 있기 마련이다. 이에 어시장
판매상은 진짜로 싼 가격에 손님에게 내놓는지 확인하려고
어느 날 갑자기 가게에 들이닥쳤다. 그리고 손님으로 꽉
차 있는 가게에서 남녀노소 모두 입안 가득 참치를 먹으며
행복한 표정을 짓는 모습을 목격한다.

"이렇게 푸짐하게 담아 싸게 내놓고 있었다면서
감동하고 돌아갔어요. 그 덕에 우리도 마음을 놓았어요."

참치를 들여오는 방식 하나만 해도 역사 있는
가게에는 사람 냄새가 나는 사연이 있다. 그렇기 때문에 몇
시간이고 여주인의 이야기가 듣고 싶었다.

수제 쌀겨절임용(糠漬け) 쌀겨는 식당이 문을 연 이후
한 번도 바꾸지 않았다. 그러니 약 70년 정도 된 셈이다.
이날은 쌀겨절임으로 오이, 배추, 단무지, 순무, 가지
등 다섯 종류가 나왔다. 계절상 수제 쌀겨절임으로
내놓기 어려운 단무지만 시중에서 판매하는 제품이었다.
미즈구치식당의 수제 모듬 쌀겨절임은 꼭 주문하고 싶을
만큼 일품이다. 조미액에 절이는 아사즈케(浅漬け)나 와인,
식초로 절이는 마리네(mariné)를 좋아해 쌀겨절임에는
별로 관심이 없었는데 단번에 사로잡히고 말았다. 산미와
아삭함과 풍미가 균형을 이루면서 아주 먹기 좋게 절여져
있었다.

"에어컨 없이 선풍기가 돌아가던 시절부터 식당을
꾸려왔어요. 그러니 1년 내내 식재료를 같은 품질로
유지하면서 내놓는다는 발상 자체를 하지 못했죠. 철이
지나면 그대로 끝이에요. 그 시기에만 나오는 제철

재료만을 절입니다. 저는 겨울에 여름 채소 먹는 걸 싫어해요. 계절감이 없잖아요."

창피하게도 본래 쌀겨절임이 여름 음식이라는 사실을 알지 못했다.

"옛날에는 다들 겨울에 쌀겨절임을 하지 않았어요. 지금은 쌀겨절임도 1년 내내 먹을 수 있잖아요. 손님이 먹고 싶다고 하니까 만들지만, 실은 여름에만 내놓고 싶어요."

아무리 맛있더라도 여름에만 누릴 수 있는 즐거움을 낙으로 삼는다. 그거면 충분하다. 이것저것 다 욕심을 부리며 손에 넣어온 우리에게 선배의 말은 무게가 있다. 종종 요리의 세계에서 '옛날부터 이어져온' 같은 말을 듣는데 진심으로 옛날부터 이어져온 것을 고집한다면 쌀겨절임은 여름에만 내놓아야 제대로일 것이다.

쌀은 옛날부터 고시히카리를 쓴다. 고급 요정에서 밥을 짓듯이 짓기 때문에 단맛이 깊고 풍부하다.

"아버지 대부터 줄곧 지켜온 원칙이 딱 하나 있어요. 쌀, 된장국, 채소나물만은 절대로 대충 만들지 않는다는 것이지요. 먹거리가 풍족하지 않던 시절에는 특히 쌀 때문에 꽤 고생했는데 이리저리 궁리하면서 해왔어요. 정식은 이 세 가지가 맛있어야죠."

크로켓은 요리용 돼지기름으로 바삭하게 튀겨 전혀 느끼하지 않다. 모토 씨는 "가능하면 집에 사서 갈 수 없을까요? 내일 반찬으로 가족과 먹고 싶어요."라면서 무서울 만큼 진지한 표정으로 말했다. 가족에게도 먹이고 싶은 그 마음이 나도 진짜 이해가 되었다.

미즈구치식당

여든셋의 나이에 계산대에 서는
2대 주인의 남편 미즈구치 다다시
씨(왼쪽 아래). 두툼한 참치회 단품은
800엔이고 된장국, 밥, 채소나물,
반찬을 포함해 정식으로 주문하면
1,200엔이다. 손으로 직접 쓴
메뉴판에는 제철에만 먹을 수 있는
진귀한 요리가 많다.

준 씨는 아침에 주방에 들어가면 늘 크로켓용 남작감자를 찌는 일부터 시작한다. 그리고 그 김에 감자샐러드도 만든다. 감자샐러드 또한 숨은 인기 메뉴다. 부드러운 마요네즈에 버무린 큼직큼직한 감자는 맛이 깔끔하며 식감이 부드럽다. 옛날에 마요네즈가 너무 비싸 수제로 직접 만들었는데 그러다 보니 시중에서 판매하는 제품을 사용해볼 기회가 없어 지금도 수제로 만든다.

살펴 보니 주방에는 채소 절단기 등 업체용 가전이 하나도 없었다. 준 씨는 분주하게 손을 움직이면서 "할 수 있을 때까지는 저희가 직접 다 하려고 해요."라고 말했다. 지금 같은 시대에 아사쿠사에서도 가장 좋은 위치에 자리한 식당에서 이렇게나 정성을 들여 만드는 주먹만 한 크로켓이 두 개에 450엔이다. 생선조림이나 구운 생선도 대부분 500엔이다.

"우리 식당처럼 특별한 기술이 없는 가게는 가격이 싸야죠. 식당에서 일하는 사람들에게 월급을 지급하고 우리 가족이 어느 정도 생활할 수 있다면 그걸로 충분하니까요."

일흔여덟인 하쓰네 씨는 지금도 일주일에 한 번 아침부터 밤 9시까지 가게에 나와 일한다. 한 젊은 외국인 여자 손님 둘이 와서 요리 하나만 시켜 놓고 두 시간이나 떠들다가 가져온 귤을 꺼내 먹는 것도 모자라 가게에 껍질을 버리려고 하자 하쓰네 씨가 "그만 돌아가 주세요." 하고 딱 잘라 말하면서 혼냈다. 정식집에는 정식집에서 지켜야 할 매너가 있다, 당신이 지닌 상식이 당연하지 않다는 사실을 알았으면 좋겠다면서 말이다.

그런 하쓰네 씨가 취재하는 도중에 딱 한 번 말을 잇지 못한 순간이 있었다. 도쿄대공습으로 처음에 시작했던 가게가 다 타고 어머니와 여동생을 잃은 이야기를 했을 때다.

당시 하쓰네 씨만 피난을 가서 화를 면했는데 모든 일을 다 아는 아버지가 돌아가시기 전까지 그날 무슨 일이 있었는지 입에 담지 않았다고 한다.

"어머니와 여동생이 어떻게 세상을 떠났는지 나는 몰라요. 사방이 불바다가 되어 스미다강(隅田川)의 강물이 뜨거웠다고만 들었어요."

활기 넘치고 어딘지 향수가 느껴지는 고향 같은 가게에서 역사책에서만 보았던 도쿄대공습 이야기가 나와 갑자기 남의 일이 아닌 것처럼 느껴졌다.

엄청난 상실감을 미즈구치식당도 아사쿠사도 마음속 깊은 곳에 묻어 두고 지금까지 살아남았다. 밝은 여주인의 눈에 아주 짧은 시간 스친 그늘을 보면서 간절히 기도했다. 번성의 그늘에서 잃어온 것을 우리도 잊지 않고 살아갔으면 좋겠다고 말이다.

부지런한 일꾼들인 미즈구치식당의 여러분, 앞으로도 부디 건강하게 가게를 이끌어 주세요.

아사쿠사 2-4-9

집에 돌아갈 때 너무 배가 불러 주저앉게 되는 식당

밥집 아다치(ごはん処 あだち)

'아다치서비스세트(あだちサービスセット)'를 먹으면 반드시 집에 돌아갈 때 아키하바라역(秋葉原駅) 앞에 있는 전자제품 매장 요도바시카메라(ヨドバシカメラ)의 벤치에 주저앉게 된다. 배가 너무 불러서 걸을 수 없기 때문이다.

밥은 1인용 둥근 초밥 그릇에 산처럼 담겨 나온다. 반찬도 초밥 그릇에 함께 나오는데 행사 같은 데서나 볼 수 있을 정도로 회는 종류도 양도 많다.

빵빵해진 배를 문지르다 보면 나 자신에게 화가 난다. 아무리 맛있어도 그렇지, 어떻게 하나도 남김없이 싹싹 다 먹을 수가 있어? 처음부터 밥을 조금만 달라고 했으면 됐잖아!

아다치의 대표 정식은 두 가지다. 1,100엔인 '아다치서비스세트'와 1,200엔인 '네기토로덮밥정식(ネギトロ丼定食)'이다.

전자의 그릇 안에 담기는 음식은 주먹만 한 커다란 가라아게가 네 조각, 무와 두부튀김조림, 오뎅, 크로켓, 아스파라거스와 가지튀김, 두툼한 달걀말이, 춘권, 콩에 우엉과 연근, 당근 등을 함께 넣고 조린 고모쿠마메(五目豆), 채소절임이다. 이들 요리가 커다란 볼링공처럼 그릇에 산처럼 쌓여 손님 테이블에 놓인다. 미역이 가득 들어간 된장국과 함께.

네기토로덮밥정식은 참치를 잘게 저며서 파를 올린

네기토로와 함께 연어와 달걀말이, 문어, 잘은 멸치가 역시 산처럼 쌓여서 나온다. 아주 훌륭한 모둠회덮밥이지만, 이름은 무슨 이유에서인지 겸손하게 '네기토로덮밥'이라고 되어 있다.

이곳에 오는 손님은 90퍼센트가 남자 손님이며, 단골이 50퍼센트를 차지한다. 점심 장사를 마칠 무렵에 남아 있던 손님은 3년 동안 이 식당에서 밥을 먹은 단골 회사원과, 친구가 싸고 배불리 먹을 수 있으니 한번 가보라고 했다며 처음 온 대학생이었다. 식당 주인인 아다치 마사노리(安達政則) 씨가 도쿄 말투로 또박또박하게 대학생에게 말을 걸었다.

"인터넷에서 보고 온 거 아니었어요? 최근에 그렇게 오는 젊은이가 많거든요. 그 뭐더라, 양이 엄청나게 많은 식당을 소개하는 사람이 있는지 멀리에서도 손님이 찾아오더라고요. 저희야 감사할 따름이죠."

식당 문을 연 지 약 50년, 아버지의 뒤를 이어 부부가 함께 물려받은 지는 30년이 되었다. 거품경제 이후, "정식집은 시대에 맞지 않으니 이제 그만 둘까." 하고 고민했지만, 15년 정도 전부터 분위기가 달라졌다.

"역 앞에 있는 것도 아닌 작은 식당인데도 인터넷 덕분에 새로운 손님이 방문하게 되었어요."

그때 단골이 "쌀 한 톨요." 하고 주문했다. 저게 무슨 뜻인지 물으니 "여기는 일반 밥 한 공기가 한 되, 그러니까 1.6킬로그램이에요. '양 적게'라고 하면 750그램이죠. 그러다 보니 단골들 사이에서 '한 숟가락, 귀이개 하나, 쌀 한 톨, 두 톨' 하고 주문하게 되었는데 그게 어느새

퍼졌더라고요. 쌀 한 톨이라고 하면 150그램 정도
되려나요."

보통 크기의 사각 용기는 양팔에 감쌀 수 있을
정도로 크다. 거기에 밥주걱으로 꾹꾹 눌러서 산처럼 가득
담아낸다. 본래 이 정식집은 아키하바라의 청과물시장에서
일하던 사람들이 밥을 먹으러 오던 곳이었다. 따라서 몸을
써서 일하는 손님이 배부르게 먹을 수 있도록 곱빼기로
담기 시작했다가 지금의 양이 되었다고 한다.

아다치식당은 양이 엄청나게 많다는 점만 주목받기
쉬운데 닭튀김인 가라아게의 맛에도 주목했으면 좋겠다.
큼직한데도 속까지 부드럽게 튀겨져 나온다. 살짝 카레
향이 감돌지만, 그보다 맛이 더 복잡하면서 개성 있다.

"카레 가루의 맛이 강해지지 않도록 비법 양념을 몇
가지 더 넣는데 그건 비밀이에요. 사과요? 아, 들어가요.
하지만 나머지는 알려줄 수 없어요."

아다치 씨가 장난스럽게 웃었다. 맞출 수 있으면 맞춰
보라는 듯이.

가라아게는 닭고기를 특제 소스에 이삼 일 전부터
재워둔 뒤 천천히 시간을 들여서 튀긴다. 입이 짧은 여성은
처음에 가라아게부터 먹는 게 좋다. 만약 다 먹지 못하고
남기면 아다치서비스세트의 매력을 반도 즐기지 못하고
버리는 셈이 되기 때문이다.

메뉴 이름은 '네기토로덮밥'이지만, 연어가 그릇에서 넘쳐날 정도로 담겨 나온다. 문어, 참치가 나오는 날도 있다. 이 정도 양이 보통 크기다(아래). 저녁 영업을 시작할 때까지 갖는 휴식 시간에 사우나 등에 가는 게 낙이라고 말하는 아다치 씨.

청과물시장이 시작된 장소에서

아키하바라에 1989년까지 존재했던 간다청과물시장(神田青物市場)은 에도시대부터 이어져온 청과물시장의 발상지였다.

"청과물시장을 두고 모두 보통 '얏차바(やっちゃば)'라고 불렀어요. 참고로 어시장은 '우오가시(魚河岸)'라고 했죠. 우리는 아버지가 간다청과물시장 안에서 도시락집을 했어요. 얏차바에서 일하는 사람들을 상대로 하니까 양이 많고 맛있지 않으면 먹혀들지 않았죠."

지금은 대형 스크린이 눈길을 사로잡는 거대한 복합빌딩이 들어선 장소가 시장의 중심이었다.

"얏차바에서 한밤중부터 일하던 사람들이 아침 4시 경매가 끝나면 모두 고픈 배를 부여잡고 식당에 왔어요. 그런 사람들은 입맛이 까다로우니까 쌀도 좋은 걸로 써야 하고 양도 많아야 하죠. 아버지는 처음에 평범한 가라아게를 내놓았다가 얏차바에서 한 소리 들었다고 하더라고요. '우리는 몸을 써서 일하니까 간을 세게 해줘요.'라고요. 그렇게 해서 카레 맛을 고안했어요."

그러고 보니 오뎅도 간장이 배어들어 짜게 간이 되어 있었다. 이를 두고 아다치 씨는 "어디까지나 시장 사람들에게 맞춘 맛이니까요."라고 말했다.

간다청과물시장이 오타시장(大田市場)으로 옮겨가면서 식당을 역에서 조금 떨어진 골목으로 이전했다. 아버지에게 물려받은 뒤로는 점심에는 정식, 밤에는 이자카야로 운영했다. 과거에는 대형전자상가인 라옥스(Laox)나 이시마루전기(石丸電気)가 있었고 그 상가들의 창고도 근처에 있었다.

"냉장고나 에어컨, 컴퓨터 등 무거운 가전제품을 옮기는 배송업자가 주로 식당을 찾았는데 다들 너무 배고픈 상태로 오더라고요. 그때부터 밥을 양껏 많이 담게 되었죠."

음식 양과 반찬 가짓수만 보면 아무래도 적자일 듯한데 저렴한 가격의 비밀은 아버지의 '유산' 덕분이었다.

"아버지가 얏차바에서 가게를 하던 무렵에 드나들던 젊은 사람들이 지금은 모두 농협이나 시장의 높은 사람이 되었어요. 그분들 덕분에 중간 도매상을 거치지 않고 시장과 직거래할 수 있어 싸게 물건을 들여올 수 있습니다. 보통은 원도매상, 중간 도매상을 거쳐서 사야 해요."

가격도 올리지 않는데 가게를 돕는 아내가 아무 소리도 하지 않을까?

"당연히 불평하죠. 도대체 무슨 생각인지 모르겠대요. 하지만 이제 와서 바꿀 수 없어요. 옛날에는 이 동네에도 식당이 아주 많았는데 다 없어졌어요. 제 아들도 부모가 아침부터 밤까지 일하는 것도 모자라 휴일에는 장을 보고 미리 음식 준비를 하는 모습에 대학에 들어가 회사원이 되었죠. 전형적인 악덕 기업이니까요. 그렇지만 지금 라멘 한 그릇에 1,000엔은 하잖아요. 제가 손님이라면 그 이상은 선뜻 지갑에서 꺼내기 어려워요. 그래서 점심이라도 싸게 드시게 하고 싶어요."

아다치 씨의 아버지는 생전에 입버릇처럼 이렇게 말했다고 한다.

"승부를 건다면 큰 회사에 다니는 사람들을 단골로 만들어야 해. 우리는 시장과 일본통운(日本通運) 본사가 근처에 있으니까 아무 걱정 없다!"

무슨 말도 안 되는 소리였는지, 하면서 아다치 씨는 이어서 말했다.

"두 회사 모두 다른 곳으로 이전했어요. 그리고 라옥스도 이시마루전기도 다른 회사와 합병했고요."

시장, 대형전자제품매장, 그리고 오타쿠와 걸그룹 AKB48, 서브컬처의 중심인 아키하바라. 동네가 아무리 달라져도 아다치식당이 변함없이 엄청난 양의 서비스 세트를 손님에게 내놓는 데 거창한 이유는 없다. 그저 오로지 손님을 만족시키겠다는 마음 하나로 이 동네와 함께해온 아다치 씨의 인품이 가게의 불을 밝히고 있을 뿐이다. 그렇기 때문에 사람들이 모여들고 너무 배불러 벤치에 주저앉아도 얼마 안 있어 다시 가고 싶어진다.

내 주변에는 아다치 씨처럼 기세 좋은 도쿄 토박이 어른은 없다. 그래서 아다치에 가면 정식을 먹으면서 본 적도 없는 얏차바가 있던 무렵의 아키하바라를 상상한다. 그럼 고픈 배를 부여잡고 서둘러 들어온 얏차바 사람들이 만족스러워하며 밥을 먹는 모습이 눈에 어른거린다.

"또 와요."

아다치 씨가 처음 온 청년에게 계산대에서 말을 걸었다.

"네, 친구 데리고 꼭 올게요."

청년은 쑥스러워하면서 웃었다. 시골에서 자라 독립시킨 부모님이 이 모습을 본다면 얼마나 안심할까?

이런 정식집이 도쿄에는 아직 있습니다, 그러니 부디 격정하지 마시라고 전하고 싶다. 그리고 나는 청년의 뒷모습을 보며 기도했다. SNS나 블로그에 꼭 올려 주세요.

큰 회사에 다니는 단골이 없어진 이 거리에서 아다치식당의 내일은 여러분의 정보력에 달려 있다.

3-11-6 가즈에빌딩 1층

시모기타자와에서 빨간 볶음밥을 처음 만든 식당의 의외의 계보

민테이(珉亭)

매년 문을 닫는다는 소문이 돈다. 민테이 창업자의 딸로 2대 주인의 아내인 아유자와 요코(鮎澤陽子) 씨는 싹싹하게 말했다.

"늘 연말이 되면 인터넷에 우리 식당이 문을 닫는다고 올라와요. '슬픈 소식'이라고 하면서요. 전혀 예정에 없는데 말이죠. 우리가 모르는 사이에 누군가가 폐점한다고 정해 주더라고요."

시모기타자와에서 휴일에 길게 줄을 서는 중화요릿집이라고 하면 바로 여기, 민테이다. 밤에 찾아오는 손님 중에는 연극 공연을 마친 배우나 라이브 공연을 끝낸 밴드 멤버도 많다. 1층은 카운터와 테이블석이 자리한다. 2층은 좌식 다다미방으로 마흔 명이 한꺼번에 들어갈 수 있다 보니 이 동네에서는 아주 귀한 곳이다. 과거에 록밴드 더크로마뇽즈(THE CRO-MAGNONS)의 고모토 히로토(甲本ヒロト) 씨나 배우 마쓰시게 유타카(松重豊) 씨가 학창 시절에 아르바이트를 했던 가게로도 유명하다. 인기 있는 가게의 거짓소문을 퍼트리면 조회수를 올릴 수 있다는 나쁜 인간들의 계략에도 아유자와 씨는 어느 정도 익숙해져 있는 듯했다.

가게 앞에는 거대한 공조 시설과 세월의 흐름이 느껴지는 식품 샘플 케이스가 있는 데다가 커다란 포렴까지 쳐져 있어 안이 전혀 보이지 않는다.

1920년대에서 1980년대 후반의 쇼와시대 느낌이 물씬 풍기는 입구 저편에 어떤 세계가 펼쳐져 있을까? 보이지 않는다는 점이 한층 더 궁금증을 부추긴다.

이 식당은 에돗코라멘(江戸っ子ラーメン)과 볶음밥이 사이좋게 인기를 차지한다. 전자는 감칠맛이 있는 참기름 풍미의 배추절임 자차이를 삶은 양념돼지고기인 차슈(チャーシュー), 푸성귀와 함께 올려 내놓는 간장 라멘이다. 생소한 자차이 절임과 라멘을 함께 내놓는 아이디어는 아유자와 씨의 아버지인 신이치(進一) 씨가 착안해 '에돗코라멘'이라고 이름 붙였다. 자차이는 소금에 절인 배추에 참기름, 마늘, 고춧가루를 넣어 조미액에 절인 아사즈케다. 중화요리의 향기가 감돌고 부드러운 짠맛이 느껴지는데 밥과 함께 먹어도 좋고 술안주로도 좋은 명품 조연이다. 단품으로도 주문할 수 있다.

또 하나, 식용 착색료로 붉게 물을 들여 큼직하게 다진 차슈에 밥이 물들어 보통 '빨간 볶음밥'이라 불리는 볶음밥도 아주 맛있다. 맛이 진하며 밥이 너무 펄펄 날리지 않고 약간 쫄깃한 식감이 있다. 이는 밥을 볶을 때 도리가라수프(鶏ガラスープ)라는 치킨 스톡을 넣기 때문이다. 밑간이 확실하게 스며드는 데다가 밥이 촉촉하다. 볶음밥도 양이 무척 많다.

라멘과 볶음밥, 누구나 둘 다 먹고 싶을 것이다. 그래서 이번에는 아유자와 씨의 어머니가 다양한 세트 요리를 고안했다.

"라멘 반, 볶음밥 반이 나오는 라찬세트 (ラーチャンセット)도 있고, 보통 크기 라멘에 볶음밥 반,

보통 크기 볶음밥에 라멘 반이 나오는 세트도 있어요.
옛날에 라찬세트는 내놓는 곳이 거의 없었다더라고요.
어머니가 술을 좋아하는데 '술을 마시면 많이 못 먹으니까
양을 적게 해 두 종류 먹고 싶다.'라면서 아버지에게
제안했어요."

도쿄올림픽이 열린 해인 1964년에 마흔여덟이었던
아버지가 어머니와 시작한 중화요릿집은 파란만장한
역사를 걸어왔다. 처음부터 사람들이 줄을 서서 먹던
가게도 아니었고, 손님들이 라멘에 질려 멀리하면서 약
20년 동안 침체기도 겪었다. 그렇지만 몇 차례 큰 전환점을
거치면서 지금처럼 손님이 끊이지 않는 가게로 자리
잡았다. 그 계기는 늘 '텔레비전'이었다.

유명 희극 배우 이시바시 다카아키가 극찬한 빨간 볶음밥

1980년 맛집을 소개하는 구루메(グルメ) 방송
《잘 먹었습니다(ごちそうさま)》에 에돗코라멘이 소개되어
세상에 알려졌다. 그렇지만 역시 라멘만으로는 사람들이
쉽게 질린다고 아유자와 요코 씨는 말했다.

"늘 맛이 똑같으니까 신선함을 잃게 되더라고요.
텔레비전에 소개되고 시간이 좀 흐른 뒤부터 20년 정도는
영업 부진이 이어졌어요. 요리사의 제안으로 정식을
시작한 시기도 그 무렵이었죠."

돼지고기생강구이정식, 다진 채소와 두부로 만드는
고모쿠두부정식(五目豆腐定食), 맛있는고기조림정식

빨간 앞치마를 입은 사람이 아유자와 요코 씨, 옆에 있는 사람은 종업원으로 20년 동안 근무한 우에하라(上原) 씨다. 라멘 반과 볶음밥 반이 함께 나오는 '라찬세트'(오른쪽 위). 이외에도 둘 중 하나가 보통 크기로 나오는 세트도 있다. 1층은 카운터와 테이블석, 2층은 좌식 다다미방으로 되어 있다.

(肉うまに定食), 비엔나소시지정식, 마파가지정식 등.
모두 소박한 동네 중화요릿집의 맛이다. 맛있는 동네
중화요릿집이라고 들었을 때 여러분이 상상하는 그 맛보다
'조금 더' 맛있는 정도다. '엄청'이라고 붙일 정도의 맛은
아니다. 그렇지만 '조금 더 맛있는 그 맛'이 58년 동안 쭉
이어져와 배불리 먹을 수 있고 또 오고 싶어진다. 이러한
식당이 변함없이 동네에 존재한다는 점이야말로 끊임없이
변해 가는 이 도시에서는 엄청난 업적이나 다름없다. 아,
맞다. 모든 정식에 곁들여 나오는 투명한 중화풍 수프도
빼놓을 수 없다. 도쿄 토박이가 좋아하는 간장 맛 국물로,
마지막 한 방울까지도 놓치고 싶지 않을 만큼 맛있다.
국물은 닭 뼈와 돼지 뼈, 채소를 함께 우려내는데 1964년에
식당을 창업한 그때 그 레시피로 만든다.

그러던 어느 날, 후지텔레비전에서 1997년부터
2018년까지 이어진 예능 방송 《돈네루즈 여러분
덕분이었습니다(とんねるずのみなさんのおかげでした)》의
조연출이 '왔네슐랭(きたなシュラン)'이라는 코너를 위해
취재하게 해달라고 가게를 찾아왔다.

"별점 같은 평가가 매겨지는 게 싫어서 다 같이
상의한 뒤 에둘러 거절했는데 다음 날 엄청 높은 디렉터를
데리고 왔더라고요. 단호하게 거절하기도 뭐하고 조연출이
안쓰러워서 어쩔 수 없이 방송에 나갔죠."

유명 희극 배우인 이시바시 다카아키(石橋貴明)
씨가 극찬한 것은 식당의 풍경이 아니라 빨간 볶음밥의
맛이었다. 그전까지는 라찬세트에 아무도 주목하지
않았는데 저렴한 가격과 푸짐한 양에 감동해 맛있다, 진짜

맛있다면서 남김없이 다 먹었다. 그때부터 10년 이상 지난 오늘까지 사람들의 발길이 끊이지 않는 것은 비단 텔레비전 덕분만은 아니다. 두 팔로 감싸야 할 만큼 커다란 웍에서 15년 근무한 숙련된 장인의 기술로 춤추듯이 튀어 오르는 밥과 빨간 차슈가, 들통에서 닭 뼈를 진하게 우린 뽀얀 국물을 국자로 퍼서 지글지글 더하는 도리가라수프의 숨겨진 비법이 볶음밥을 한층 맛있게 한다. 그렇게 진짜로 맛있는 음식을 변함없이 만들어온 곳에 우연히 빛이 비쳤을 뿐이다. 단지 텔레비전에 나온 이후 달라진 것이라면 가게를 찾는 손님뿐이다.

그나저나 빨간 볶음밥을 내놓게 된 계기는 요코하마(橫浜)의 차이나타운인 주카가이(中華街)에서 비롯되었다고 한다.

"주카가이에 있는 식당에서 식용 색소로 물들인 차슈가 나왔어요. 그걸 본 아버지가 갑자기 우리도 빨갛게 물들이자는 말을 꺼냈죠. 처음에는 차슈 한 덩어리를 다 빨갛게 물들여 로스터로 구웠는데 지금은 자투리만 따로 빨갛게 물들여요. 밥에 살짝 색이 번져서 예쁘죠."

헌병에서 주카가이 식당 주인이 되다

기발한 아이디어가 많았던 아버지 신이치 씨는 1992년 일흔여섯의 나이로, 어머니는 그로부터 2년 후에 타계했다. 민테이는 도치기현(栃木県) 우쓰노미야(宇都宮)에도 지점이 있다. 도치기 출신인 아버지가 시작한 식당으로 그곳도 쇼와시대의 영화 세트장과 같은 모습이다. 가게

이름도 라찬세트의 인기도 똑같다. 지금은 아유자와
씨의 여동생이 물려받아 꾸려간다. 아유자와 씨는
"시모기타자와에서 부모님이 장사하는 모습을 쭉 보아
왔는데 지금이야 미디어에 소개되거나 손님이 줄을 서는
곳이 되었지만, 처음부터 그렇지 않았어요. 부모님이
고생하셨던 모습이 더 인상 깊게 남아 있습니다."라고
회상했다.

뮤지션 고모토 히로토 씨나 마쓰시게 유타카 씨가
이곳에서 아르바이트했던 시절의 일도 아주 잘 기억하고
있었다.

"오카야마(岡山) 출신의 가메(カメ)라는 메이지대학교
(明治大學) 학생이 같은 대학교에 다니는 유타카 씨를
데리고 왔어요. 오카야마의 고등학교 동창생이었던 히로토
씨도 소개해 주었죠. 유타카 씨와 히로토 씨 두 사람은
우연히 같은 날부터 아르바이트를 시작했어요."

옛날에 아르바이트비는 당일에 현금으로 지급했고
노트에 출근할 수 있는 날을 적어 놓는 간단한 방식으로
운영되었다. 직원들 식사는 어떤 요리를 해서 먹든 다
괜찮았다. 지금이야 아르바이트비를 지급하는 방식은 은행
송금 방식으로 바뀌었지만, 민테이는 아직도 꿈을 좇는
많은 젊은이의 생활을 뒷받침한다.

"이곳은 회사와 달리 가족이 경영하는 작은
식당이라서 늘 일손이 부족해 아슬아슬하게 줄타기하는
느낌이에요. 휴무일이 이틀도 아니니까 몸이 많이 힘들죠.
30년 이상 주방에서 요리를 맡은 요리사가 세 사람
있었는데 결국 요통이 심해져 최근에 은퇴했어요. 아주

큰 타격이었죠. 지금 있는 요리사 셋은 모두 15년 이상
된 사람들이에요." 그 가운데 한 사람은 식당 주인이자
아유자와 씨의 남편이다. 갈 때마다 라찬세트의 양이
다르다는 느낌이 들어 말하니 웃으면서 "맞아요."라고
했다.

"누가 만드느냐에 따라 맛도 양도 미묘하게 달라요.
우리 식당은 몇 그램이라고 세세하게 정해 놓지 않았어요.
간장을 많이 넣은 걸 좋아하는 단골이 오면 그걸 아는
요리사가 대신 만들 때도 있죠."

도치기현 오타하라시(大田原市) 출신인 아유자와 씨의
아버지는 메이지대학교를 졸업한 뒤 전쟁으로 헌병이
되었다. 전쟁 후에는 의원 비서나 신문사 근무를 거쳐
마흔여덟의 나이에 민테이를 시작했으니 아주 특이한
경력의 소유자다. 식당 이름에 들어간 '옥돌 민(珉)' 자에는
많은 사람(民)에게 사랑받는 '왕(王)'과 같은 식당이
되었으면 한다는 바람이 담겨 있다.

"저는 늦둥이로 태어났어요. 그래서 어떤 삶을
살았는지 자세한 이야기도 듣지 못한 채 아버지가
돌아가셨어요. 요식업은 아버지가 학창 시절에
아르바이트하던 시절부터 목표로 삼았던 일이라고
들었어요. 주카가이나 다양한 곳에서 공부했다고
하더라고요. 지금도 가게는 임대인데 2층은 다른 가게가
나가면서 1979년에 새롭게 단장해 사용하고 있고,
나중에 다다미만 교체했죠. 2011년 동일본대지진 당시에
무너지지 않고 버틴 게 용해요. 추하이 술은 바쁠 때는

만들 수 없어 취급하지 않고, 생맥주는 잔을 차갑게
보관할 장소가 없어서 내놓지 못해요. 책에 실을 정도로
훌륭하지도 않은 그냥 동네에 있는 중화요릿집이에요."

아유자와 씨가 어렸을 때는 식당 옆에 큰 목욕탕,
건너편에는 성매매 술집, 더 가면 오데온좌(オデヲン座)라는
포르노영화관이 있었다고 한다.

"시모기타자와에는 아이들이 뛰어다니고 나이 든
어르신도 있었고, 과거에는 성매매 업소나 목욕탕도
자리해 난잡한 모습과 일상생활이 전부 뒤엉켜 있어
흥미로운 동네였어요. 지금은 시시해졌죠. 뒷길까지 다
개발되어서 이제는 제발 좀 그냥 놔두었으면 좋겠어요."

마을회장을 맡았던 아버지는 재개발로 인한 퇴거로
힘들어하는 동종 업계 사람이 있으면 발 벗고 나서서
협상했다. 책임감과 인내력이 강한 사람이었다.

아버지의 인품이 그대로 담긴 민테이는 시모기타자와
주민들에게 마음의 버팀목과 같은 존재다. 만약
사라진다면 많은 사람이 곤란해할 것이다. 소박한 그 맛을
언제든 먹을 수 있다는 안도감이 눈에 보이지는 않아도
분명하게 동네의 버팀목이 되고 있다.

헛소문을 퍼트려 사람들을 슬프게 하다니, 당치도
않은 일이다. 그러니 자기만 생각하는 사람들에게 확실히
말해 두겠다.

민테이는 폐업하지 않습니다.

기타자와 2-8-8

민테이

맛도 가격도 최고지만, 수수께끼와 같은 식당
네코니코반(ねこにこ飯)

식당 이름은 '네코니코반'이라고 읽는다. 약 50종류 되는 메뉴 가운데 가장 인기 있는 음식은 평일버터간장정식(平日バター醬油定食)으로 '헤이지쓰바타쇼유정식'이라고 읽는다. 어느 날 넙치를 뜻하는 '히라메(平目)'를 손님이 '헤이지쓰(平日)'로 잘못 읽자 말장난을 좋아하는 식당 주인 야마모토 도모유키(山元智之) 씨가 그대로 메뉴 이름으로 삼았다. 내가 처음 방문했을 때 옆에 앉은 아저씨가 치킨난반을 '치킨냔반(チキンにゃんばん)'이라고 툭 던지듯이 말하자 야마모토 씨가 "네, 치킨냔반요." 하고 진지한 얼굴로 대응했다. 그런데 아무도 웃는 사람이 없었다. 입구 옆에는 '위험한 정식집'이라고 크게 쓰여 있고, 식당 주인은 아주 과묵하다. 미스터리하면서 개성이 강한 식당이다.

"이 나이를 먹었는데도 말장난이나 수수께끼 놀이 같은 게 아주 재미있어요." 이렇게 말하는 야마모토 씨는 뼛속까지 장난기가 가득한 사람으로, 그가 내놓는 음식은 양도 푸짐한 데다가 맛도 손색이 없을 정도로 훌륭하다. 제대로 된 재료로 제대로 만든다. 볶음밥은 2인분이라고 착각할 정도로 양이 많은데 절대로 얼렁뚱땅 만들어 내놓는 맛이 아니다. 어떤 요리든지 향신료나 밑간에 온갖 정성을 다한다.

크고 두툼한 넙치가 나오는 평일버터간장정식은 입안

깊은 곳에서 타임(thyme)의 풍미가 감돈다. 버터 소스에는 케이퍼와 올리브를 올린다. 정식집에서 이렇게 커다란 넙치를 사용한 요리가 나올 줄은 꿈에도 몰랐다.

메뉴 가짓수가 너무 많다 보니 손님은 하나 같이 모두 고민한다. 유린기나 모둠회, 돼지고기무볶음졸임은 물론 소의 힘줄 부위로 만드는 규스지카레(牛すじカレー)까지 먹을 수 있다. 뭘 먹어야 할지 정하지 못해 주인에게 묻는 사람도 많다.

전기밥솥 세 대를 돌려가면서 하루에 열다섯 번 짓는 밥

일본요리, 서양요리, 중화요리 등 뭐든지 다 맛있는 데는 야마모토 씨가 곱창집, 이자카야를 거쳐 베이커리 레스토랑, 라멘집, 료칸까지 식당 열여섯 곳에서 근무하며 경험을 쌓았기 때문이다. 이곳저곳에서 점장으로 일했는데 경영보다 손님의 얼굴을 보면서 요리를 하는 게 좋았다. 그래서 만반의 준비를 하고 2017년 독립의 꿈을 이루었다.

좋은 고기를 들여올 수 있는 데는 라멘집에서 일하던 시절에 쌓은 인맥 덕분이다. 등급이 높은 고시히카리 쌀은 이전에 있던 가게에서 알게 된 수완이 좋은 바이어로부터 제공받는다. 질 좋은 식재료는 대부분 과거에 일하며 인연을 맺은 곳을 통해 들여온다. 흑식초가 들어가는 돼지고기정식은 삼겹살이 큼직큼직하고 연근은 두툼하며 당근이나 파프리카도 먹기 좋게 익혀 나온다. 너무 달거나 시지 않은 흑식초 소스의 비결은 이것이다. "흑설탕이에요.

거기에 흑식초와 간장과 기업 비밀인 소스를 섞어서
양념을 만듭니다. 치킨난반은 가라아게에 이 양념과
타르타르소스를 뿌려요."

치킨난반은 커다란 산처럼 쌓여 나오는 몽글몽글하게
튀긴 닭튀김에 달콤한 식초가 구석구석 뿌려져 있다.
타르타르소스와 섞어도 좋고 함께 곁들여 나오는 레몬을
꽉 짜서 뿌려도 좋다. 유명 정식집이라면 빼놓을 수 없는
것이 바로 밥인데 이 밥을 특별히 강조하고 싶다. 쌀은
이바라키(茨城)산 고시히카리로 짓는데 일부러 작은
전기밥솥 한 대에 8인분씩 나오도록 조절해 세 대를
돌려가며 하루에 열다섯 번 밥을 한다.

"보온해서 딱딱해진 밥은 아무리 양이 많아도
기분이 좋지 않잖아요. 점심 영업을 하면서도 밥을 지으면
손님에게 언제든 금방 한 따끈한 밥을 드릴 수 있어요."

밥과 잘 어울리는 양파튀김이나 작은 새우, 마늘이
들어간 수제 고추기름은 무료이며 두 그릇째부터는 50엔이
추가된다.

"학창 시절부터 요식업 분야에서 아르바이트해서
그런지 서비스업종에서 일하는 게 아주 좋더라고요.
손님의 웃는 모습을 늘 보고 싶어서 요리에도 신경을
쓰지만 양도 푸짐하게 내놓고, 요리 이름으로 말장난도
하는 거죠."

야마모토 씨는 가게 문을 닫고 밤 12시 넘어 집으로
돌아갈 때 체인 식당의 카운터에서 밥을 먹는 회사원의
얼굴을 유리벽 너머로 종종 본다고 한다.

"손님은 많은데 모두 축 처져서 지쳐 있고 눈이

식당 안은 캡슐 토이나 웃긴 포스터로
꽉 차 있다. 카운터는 일곱 석이다.
여러 재료를 함께 볶아 내놓는
고모쿠볶음밥(왼쪽 가운데)은 곱빼기로
시키면 세 사람이 나누어 먹어야 할
정도로 양이 많다. 마늘 간장에 절인
두툼한 돼지고기 등심이 결정타인데
65℃의 저온조리기로 30분 동안 익히기
때문에 부드럽고 맛이 잘 배어 있다.

풀려 있어요. 전혀 즐거워 보이지 않더라고요. 어떻게 하면 밥을 먹는 행위가 더 즐거운 일이 될 수 있을지 늘 진심으로 고민해요."

다카반 3-3-10

아이들의 웃는 얼굴을 보기 위해 장난감도 준비해 둔다. 이번 기회에 입구에 쓰여 있는 캐치프레이즈는 없애는 게 좋겠다. '위험한 정식집'은 커녕 이곳에 오는 모든 사람의 얼굴에 한가득 웃음이 번지기 때문이다.

55세부터 어떻게 살 것인가?
선생님 출신의 주인이 만드는 찐만두

사사키식당(佐々木食堂)

쫄깃쫄깃한 만두피 안이 돼지고기와 양배추의 감칠맛으로 꽉 차 있다. 간은 세지 않지만, 식감이 제대로 확실하게 살아 있다. 그런데도 전혀 느끼하지 않다. 여성들의 작은 입으로 한가득 베어 물어도 세 번은 먹어야 하는 커다란 물만두가 다섯 개 나온다. 직접 만드는 국물은 소금과 간장 맛 가운데 고를 수 있다.

사사키식당의 찐만두정식은 후쿠시마현(福島縣) 아이즈(会津)산 고시히카리, 수제 채소절임 두 종류가 곁들여 나오는데 1,000엔이다.

언뜻 보기에는 평범한 찐만두처럼 보인다. 그런데 식감은 물론이거니와 먹을수록 깜짝선물까지 발견하게 되는 데다가 아주 맛있어 식당 주인인 사사키 요헤이(佐々木洋平) 씨에게 조심스럽게 부탁드리고 말았다.

"저기, 혹시 가능하다면 만두 두 개만 더 추가할 수 있을까요?"

사사키 씨는 순간 놀란 표정을 지었지만, 바로 미소를 지으며 카운터 건너편에서 대답했다.

"조금 기다리셔야 하지만 가능해요. 한 개부터 주문하실 수 있으니까요."

벽에 걸린 메뉴판을 보니 아래에 작게 '한 개에 180엔'이라고 적혀 있었다. 깜짝선물의 정체는 만두 하나를 다 먹고 나면 알게 된다. 만두 아래에 찐 채소가 많이 숨어 있기 때문이다. 당근, 양배추, 피망은 채 썰고 가지, 양파는 잘게 다진다. 만두와 마찬가지로 양념을 따로 뿌려 먹을 필요가 없다. 이유는 모르겠지만 채소의 단맛이 한층 더 강조되는 달콤짭쪼름한 양념이 정말 맛있다. 채소들이 입안을 지나가면 살짝 상큼한 여운이 남는다.

"이 찐 채소에는 어떤 양념을 하시나요?"

"맛을 위해 수제 레몬소금을 특별히 넣었어요. 우리 집 정원에서 레몬이 나오거든요. 계절에 맞추어 맛에 변화를 주고 있습니다."

상큼한 여운의 주인공은 레몬이었구나.

카운터 좌석만 있는 가게의 벽에는 손수 그린 채소 그림판과 함께 "직접 다양한 제철 노지 채소를 키우고 있습니다."라는 문구가 적혀 있었다. 잎상추, 공심채, 피망, 가지, 구조파(九条ねぎ), 시금치, 오이 등 채소 그림이 총 열일곱 장 붙어 있었다. 옆 동네에 농원을 빌려 재배하고 있다고 했다.

만두정식에 곁들여 나오는 채소는 계절에 맞추어 수확한 것 위주로 내놓는다.

"제철 채소를 내놓으니까 언제 와도 종류가 조금씩 다 달라요."

오후나(大船)에서 쇼난모노레일(湘南モノレール)로 환승해 첫 번째 역인 후지미초역(富士見町駅)에서 내려서 10분 정도 걸으면 나오는 주택가에 사사키식당은 홀로 자리하고 있다. 레몬나무 아래에 있는 '중화정식 사사키식당'이라는 파란색 바탕의 간판이 없다면 아무도 알아보지 못하고 지나칠 것이다.

푹신한 달걀말이가 아래에 숨어 있는 칠리새우의 매운맛은 땀이 줄줄 흐를 만큼 독특한데 향신료에 산초나 쿠민(cumin)을 넣어 특별함을 더했다. 칠리새우와 쿠민의 조합도, 식당의 위치도 깜짝선물 같지만, 그보다 놀라운 점이 있다. 바로 사사키 씨가 초등학교 선생님 출신으로 쉰다섯 나이에 핫토리영양전문학교(服部栄養專門学校)에 입학해 쉰여섯에 식당을 시작했다는 경력이다. 게다가 10대들 틈에 뒤섞여 1년 동안 착실히 공부하고, 비용을 투자해 자택 일부를 개조한 다음 식당을 시작했는데 얼마 지나지 않아 세상은 코로나19 팬데믹에 휩싸였다. 들으면 들을수록 사사키식당은 놀라운 일들의 연속이었다.

쉰다섯 나이에 요리학교에 입학

"선생님이라고 하면 아이들도 학부모도 젊은 선생님을 원해요. 그래서 쉰다섯부터 예순다섯까지 나이를 어떻게 살아갈지 줄곧 고민했습니다. 옛날과는 달리 인생은 기니까요. 이대로 학교라는 조직에 있을 것인가. 근데 선생님이라는 직업은 할 만큼 했다, 연금도 나오니 어떻게 먹고 살 수는 있다, 그러니 차라리 분야가 완전히 달라도 하고 싶은 일에 도전해 보자. 이렇게 생각했죠."

요리는 대학 시절 반더포겔(Wandervogel)* 동아리에 속해 있을 때부터 좋아했다. 결혼한 뒤에는 휴일 아침밥이나 가족 생일에 요리 솜씨를 선보였다.

또 하나, 요식업을 목표로 삼게 된 큰 계기는 서른 살에 겪었던 쓸쓸한 경험 때문이었다. 학부모 수업

직접 키우는 채소 목록을 가게 안에
만들어 놓았다(78쪽). 1,000엔인
찐만두정식은 밥과 국물, 반찬이 함께
나오며 소금, 보존료는 넣지 않는다.
봄과 여름에는 양배추, 가을과 겨울에는
배추를 사용한다. 얼마든지 찍어도
된다며 꺼내서 보여준 레시피 노트(아래).

참관일에 수업이 한창 진행되던 와중에 갑자기 쓰러져 구급차로 실려 갔다.

"혈압이 200이 넘을 정도로 고혈압 상태였어요. 수업 참관일 때문에 스트레스를 받았는데 긴장해서 더 올라갔던 듯해요. 의사는 평생 고혈압 약을 먹을지, 식생활을 개선할지 선택하라고 하더라고요. 그전까지는 과음과식에 간이 센 음식을 좋아했어요. 염분이나 영양소 같은 건 생각해본 적도 없었죠. 그날 이후 5년에 걸쳐 식생활을 완전히 개선해 체질을 바꾸었어요."

크로켓은 물론이고 닭꼬치집에 가서도 닭꼬치에 소금이나 소스를 뿌리지 않고 그냥 구워 양념 없이 먹었다. 집에서는 식탁 위에 있던 간장과 소금을 없앴다. 물론 샐러드에도 드레싱을 뿌리지 않았다.

"처음에는 힘들었어요. 아무 맛도 안 나니까요. 그런데 조금씩 고기나 생선, 채소가 지닌 본래의 맛을 느끼게 되었죠. 그때 입맛이 단련되었을지도 몰라요."

아내와도 상의해 요식업의 길로 나아가고자 핫토리영양전문학교에 입학했다. 자택이 있는 가마쿠라 (鎌倉)에서 요요기에 있는 학교의 1교시 수업에 늦지 않고 가려면 새벽 5시 반에 집에서 나서야 했다. 그러한 생활이 2년 동안 이어졌다.

"주변에는 고등학교를 졸업한 친구들뿐이었죠. 빨리 자격증을 따서 사회에 나가고 싶어 하는 사람들에 둘러싸여 자극을 받았습니다. 핫토리영양전문학교에서는 일본요리, 서양요리, 중화요리를 어느 정도 다 배운 다음, 옵션으로 선택할 수 있는 수업으로 중화요리를 골랐습니다. 중화요리가 폐기하는 음식이 가장 적다고 배웠거든요."

중화요리는 같은 채소라도 손질 방법에 따라 다양한 요리에 응용할 수 있다. 식재료를 잘게 다지면 산소와 닿는 면적이 늘어나 쉽게 상하는데 중화요리는 큼직큼직하게 썬 채소를 다양한 요리에 사용하는 데다가 만두나 딤섬은 만들어서 냉동해둘 수 있다.

"효율과 환경보호라는 관점에서 음식물 폐기를 줄이고 싶었어요. 여기에 좋은 조미료를 사용하고, 되도록 유기농 채소를 써서 영양에도 신경을 썼습니다. 제가 건강이 안 좋았던 시기를 경험했으니까요. 만두만으로는 영양소가 한쪽으로 치우치기 쉬워 찐 채소를 몇 종류나 함께 내놓는 것도 바로 이러한 이유에서입니다."

처음에는 다른 곳을 임대해 이자카야라도 할지 생각했지만, 영양학교 지도 선생님의 말에 깨달음을 얻었다.

"가령 월세가 30만 엔이라면, 1,000엔짜리 정식을 하루에 100개는 팔지 않으면 이익이 나지 않아요. 돈을 벌겠다고 술을 팔면서 밤늦게까지 일하는 것은 체력적으로도 하고 싶지 않았죠. 그리고 돈 버는 일에만 급급하면 식재료의 질이 떨어져요. 그렇게는 절대로 하고 싶지 않았어요."

그 결과 자택 일부를 개조하는 안으로 결정했다. 집에서 중화요리로 영업을 하라고 강력하게 제안했던 학교의 지도 선생님에게는 지금도 깊이 감사하고 있다.

"식당 문을 열고 3개월 만에 코로나19가 퍼졌으니

가게를 빌려서 영업했다면 파리만 날리고 엄청난 손해를 보았겠죠."

고생 끝에 손에 넣은 레시피인데

다른 학생들의 부모님 나잇뻘 되는 사사키 씨를 늘 따뜻한 말로 격려하던 핫토리영양전문학교의 인기 강사 고(故) 진겐이치(陳建一) 씨에게는 특히 더 감사한 마음을 갖고 있다.

"사사키 씨, 왜 선생님 그만두었어요." 하면서 농담하거나 "요식업은 체력 싸움이에요." "이러쿵저러쿵 말하는 사람이 많지만, 전문학교에서 배운 기본을 꼭 소중하게 여기세요."라며 무슨 일이 있을 때마다 신경을 써주었다.

"부고 소식을 들었을 때 정말 슬펐어요. 이곳에 한 번 오셨으면 했거든요."

쾌활하게 이야기하던 사사키 씨의 얼굴에 순간 그늘이 드리워졌다.

메뉴판 마지막에는 '2028년에 문을 닫습니다'라고 쓰여 있었다. 왜 그런 슬픈 문구를 적었는지 물어보았다.

"예순다섯에 식당 문을 닫자고 정했어요. 그렇지만 점심 영업만 하거나 예약만 받아 운영할지도 몰라요. 그리고 동네 사람들이 이 장소를 즐거운 먹거리 이벤트 등에 활용했으면 좋겠다고 생각하고 있어요."

긍정적인 의미의 폐업 선언에 가슴을 쓸어내렸다. 문을 닫을 거니까, 하면서 레시피 노트를 흔쾌히 꺼내 보여주었다.

"사진도 찍어도 돼요. 가정에서 만들어서 드시면 저도 기쁘죠."

대표 메뉴의 레시피가 적힌 노트를 식당 주인이 보여 주다니, 이런 일은 처음이었다.

이곳에서 음식을 먹은 다음 날 냄새 때문에 손님이 곤란해질까 봐 음식에 마늘은 거의 사용하지 않는다. 만두에도 넣지 않는다.

"그 대신 채소의 단맛, 고기의 감칠맛, 향신료로 맛있게 조절합니다. 마늘이 없어도 오키나와의 천일염이나 지도리식초(千鳥酢) 등의 조미료, 다카노쓰메(鷹の爪) 고추와 햇 생강 등 양념으로 뭐든 만들 수 있어요."

식당에 두 번째 방문했을 때 나온 찐만두정식에는 채소에 유린기 소스가 뿌려져 있었다.

사사키 씨가 가꾸는 채소밭을 둘러보았다. 다른 밭보다 채소 이랑이 일정한 간격으로 일구어져 있어 역시 선생님답구나, 하고 혼자 수긍했다. 그 밭에서 본 반질반질한 강낭콩이 만두 토핑으로 바로 사용되니 산지 직송의 사치를 누릴 수 있다.

식품 폐기를 줄이기 위해 밤에는 완전 예약제로 운영한다. 점심 영업도 "되도록 전날까지 먹고 싶은 요리를 정해 연락해 주었으면 좋겠어요."라고 말했다.

역에서 조금 걸어야 하고, 예약도 살짝 귀찮다. 그런데도 그 만두정식을 먹기 위해서라면 감수할 수 있다는 마음이 들게 하는 매력이 이 가게에 있다. 어쩌다 보니 오래 머물렀다 집에 돌아가려고 나오는데 자연스럽게 입에서 이런 말이 툭 나왔다.

사사키식당

"사사키 선생님, 맛있게 잘 먹었습니다."

내 은사도 아닌데. 사사키 씨는 저절로 이렇게 말하고 싶어지는 사람이다.

다이 4-7-13

영업은 하루에 3시간. 정직한 주먹밥 정식
 Teishoku 미마쓰(美松)

코로나19 팬데믹을 계기로 삶의 방식이 크게 달라진 식당 주인이 여기 있다. Teishoku 미마쓰의 다무라 히사오(田村久雄) 씨다.

이케부쿠로에서 쌀집과 청과물가게를 운영하던 집안에서 나고 자란 다무라 씨는 1987년에 정식을 주로 내놓는 밥집을 열었다. 밥과 생선이 맛있다고 소문이 나면서 본점은 물론이고 지점도 밤 9시까지 늘 만석이었다.

그런데 다무라 씨는 손님이 몰려드는 가게가 아니라 질적으로 우수한 가게로 꾸려가고 싶다면서 서서히 밤 영업일을 줄여 갔다. 그리고 드디어 2020년 지점의 영업을 그만두고, 수요일 밤 이외에는 낮에 3시간씩만 영업하는 식당 형태로 자리를 잡았다. 열여덟 개 있던 좌석 수도 열한 개로 줄였다.

"정식집은 이케부쿠로에서 가장 많이 사라진 업태예요. 가능한 한 오랫동안 꾸려가고 싶다고 생각하다가 일본의 평범한 밥을 정말로 맛있게 조용히 손님에게 제공해야겠다, 새로운 영업 형태가 존재해도 좋겠다 싶었어요."

인기 있는 주먹밥 세트에는 된장국, 반찬, 배추절임이 나온다. 주먹밥 내용물은 열두 가지 중에서 고를 수 있다. 국 하나, 반찬 두 가지는 하나에서 열까지 정성을 다해 만들며 모두 다 맛있다.

주먹밥은 포장도 가능하다. 정식은 주먹밥 한 개 혹은 두 개를 고를 수 있다. 뛰어난 안목으로 유명했던 고도구 사카타(古道具坂田)에서 구입한 골동품이나 주인이 직접 쓴 붓글씨, 여러 나라의 민예품이 장식되어 식당 안의 분위기는 차분하다. 다무라 히사오, 마사코(雅子) 씨 부부와 직원.

홋카이도(北海道)산 고시히카리로 만드는 주먹밥은 큼직해 먹으면 포만감이 있다. 이시카와현(石川県) 노토(能登)에서 생산되는 심층수염으로 폭신폭신하게 만든다. 된장국은 이즈모(出雲)에서 나오는 3배 누룩 된장과 신슈된장을 섞어 사용한다. 다시마 국물에 무, 시금치, 당근, 두부튀김조림, 버섯 등 건더기를 듬뿍 넣는데 특유의 단맛과 깊은 맛이 느껴진다. 얇게 저민 양파와 마늘이 맛의 숨겨진 비법이다.

쌀겨절임은 약 50년 된 누카도코로 직접 담근다. 내가 방문한 날의 반찬은 우엉, 연근, 무, 당근, 두부튀김조림을 따로따로 익혀 한 그릇에 담아 나왔는데 요리에 맞추어 유기농 채소나 천연 주조로 만든 간장을 구분해 사용한다.

생선정식에 나오는 반찬은 차가운 두부인 히야얏코(冷奴)에 명란과 푸성귀가 곁들여진다. 두부는 근처에서 동창생이 경영하는 오모모두부점(大桃豆腐店)의 연두부를 사용한다. 이 두부점은 두부 분야에서는 꽤 유명한 곳으로, 계절에 맞추어 콩을 바꾸어 가면서 두부를 만든다.

지속가능한 정식집의 미래를 위해

"가게를 시작했을 무렵에는 손님 유치나 회전율을 고려해 톱니바퀴처럼 일했어요. 그렇지만 거품 경제가 끝나면서 과연 이대로 괜찮을지 고민하며 잠시 멈추었죠. 자연식을 배울 수 있는 학교에서 공부하거나 다양한 책을 읽었어요. 그러면서 진정한 먹거리는 국 하나, 반찬 하나라는 단순한 차림이면 충분하다고 깨달았죠."

자신의 이상에 맞추어 작은 가게를 시작한 다음 달, 코로나19로 긴급사태선언(緊急事態宣言)이 내려졌다. 유일하게 수요일에만 하던 밤 영업도 그만두었다.

"점심 영업만 하는 방식으로도 충분하겠다는 확신이 있었어요. 친척 아주머니와 아내, 아르바이트 직원이 일하기 편하고, 가족도 평안하게 지낼 수 있죠. 이익도 중요하지만, 너무 많은 것을 더하지 않으며 꾸려가고 싶어요. 메뉴도 생선, 채소, 주먹밥 그리고 닭고기 다쓰타아게(竜田揚げ)* 정도만 한정해 두려고 합니다."

참고로 생선구이정식은 1,300엔으로 가격이 싸지는 않다. 그렇지만 옛날과 마찬가지로 꾸준히 지역 주민에게 사랑받는다. 잡어와 흰깨로 직접 만드는 맛가루로 밥에 뿌려 먹는 후리카케(ふりかけ)는 무료이며, 주먹밥은 포장도 할 수 있다.

지속가능한 정식집의 미래를 위해서는 이렇게 새로운 형태의 식당이 존재해도 좋겠다.

* 고기나 생선을 간장으로 밑간을 한 다음 녹말가루를 뿌려 튀긴 요리.

2-15-1 시티루프 1층

カレー サラダ付

- カレーライス ¥910
- かつカレー ¥1120
- ハンバーグカレー ¥1120

パスタ サラダ付（グラタン・ドリアは除く）

- ナポリタン ¥910
- あさりスパゲティ ¥1010
- オリエンタルスパゲティ ¥910
- ハンバーグスパゲティ ¥1220
- ミックスドリア ¥1010
- ミックスグラタン ¥1010

ピラフ 玉子片目焼き・サラダ・みそ汁付

- 特製ピラフ ¥1030
- ゴーヤポークハムピラフ ¥1030
- えびピラフ ¥1010
- あさりピラフ ¥1010
- 納豆ピラフ ¥1010
- キムチピラフ ¥1010
- 高菜ピラフ ¥1010
- チキンライス ¥1010
- ドライカレー ¥1010

オム類 サラダ・みそ汁付

- オムライス ¥1120
- オムそば ¥1120
- オムうどん ¥1120
- オムスパ ¥1120

麺類

- 焼きそば (サラダ付) ¥910
- 焼きうどん (サラダ付) ¥910
- 鍋焼きうどん ¥980
- そうめん (夏期) ¥930
- 冷やし中華 (夏期) ¥980

ペアセット

- ピラフ＆ナポリタン
- ナポリタン＆カレー
- ナポリタン＆豚かつのせライス
- オリエンタルスパゲティ＆カルビ焼きのせライス
- 焼きそば＆ライス目玉焼
- ナポリタン＆とろろライス
- かつ丼（みそ汁・お新香付）
- カルビ丼（みそ汁・お新香付）

定食 ライス・みそ汁・お新香付

- サイコロステーキ定食
- 和風ステーキ定食
- ハンバーグ定食
- 牛肉鉄板焼定食
- 牛肉玉ネギピーマン炒め定食
- カルビ焼肉定食

- ポークカツ定食
- 豚肉茄子ピーマン炒め定食
- 豚肉野菜炒め定食
- ポークじゅうじゅう焼定食
- 豚肉マヨネーズ焼定食
- 豚肉生姜焼定食
- メンチカツ定食
- 豚肉キムチマヨネーズ焼定食

- チキンガーリック焼定食
- 若鶏唐揚定食
- チキンカツ定食
- 鶏肉チーズ風味焼定食

- 海老フライ定食
- かきフライ定食 (10月-3月)
- カニクリームコロッケ定食
- 焼き魚定食（サンマ・鮭・サバ）
- 玉子焼＆納豆定食
- ハムエッグ定食

43년 동안 임시 휴일 없이 운영. 아자부 맛집의 숨겨진 비법

킷사 레스토랑 나와(喫茶レストラン縄)

"43년 전에 식당을 열었을 때는 가장 가까운 역이 롯폰기역(六本木駅)이나 가미야초역(神谷町駅)이었는데 어느 역에서 와도 다 멀었어요. 이곳은 밤이 되면 으쓱해 젊은 사람들은 볼 수 없었고 할아버지, 할머니들만 있는 동네였죠." 식당 주인인 하세베 에미코(長谷部恵美子) 씨가 말했다. 2000년에 아자부주반역(麻布十番駅)이 개통되면서 식당 앞에 6번 출구가 생겼다.

스물네 종류인 정식은 아침 10시부터 밤 12시까지 주문할 수 있다. 스포츠 선수나 연예인도 개인적으로 밥을 먹으러 오는 곳이지만, 오랫동안 이곳에서 함께 일한 직원과 셋이서 꾸려가기 때문에 취재는 특별한 일이 아니면 모두 거절한다.

찾는 손님도 화려하고 위치도 좋지만, 식당 모습은 소박하다. 하세베 씨 자신도 꾸밈없는 조용한 인품을 지녔다. 식당 앞에 심홍색 히비스커스(hibiscus)가 한 송이 피어 있었다. 소중하게 키워서 올해 처음 꽃을 피웠다며 좋아했다.

가게 이름인 '나와(縄)'는 남편의 출신지인 오키나와에서 따왔다고 한다. 새끼줄이라는 그 뜻처럼 오랫동안 지속되었으면 한다는 바람이 담겨 있다.

"남편이 아직 대학생이었던 시절에 함께 나카노(中野)에서 스낵바를 시작했어요. 저는 요리학교에서 요리를 배웠고 음식점에서도 일한 경험이 있어 요리를 정말 좋아했죠. 그렇지만 술을 마시는 손님을 상대하는 일은 달갑지 않았어요. 어느 날 남편에게 커피를 내놓는 가게를 따로 하고 싶다고 상의해 이 식당을 혼자 시작했죠."

젊은 두 사람이 가진 돈에 맞추어 식당 자리를 찾다 보니 어둡고 인적이 드문 아자부주반 동네로 오게 되었다. 아는 사람도 없었고 나중에 오에도선(大江戶線)이 개통될 거라는 사실도 알지 못했다.

"세상 무서운 줄 몰랐죠. 오로지 젊으니까 할 수 있었어요. 일단 맛있는 음식을 내놓으면 사람들이 올 거라는 생각만 했어요. 지금 하라고 하면 절대 못 하죠."

L자 모양의 주방이 안쪽에 자리해 있다 보니 요리에 전념할 수 있었다. 남편과 메뉴를 상의해 커피와 정식을 두루두루 갖추었다. 영업은 새벽 2시까지. 일과를 마치고 퇴근하는 음식점 사장들이나 유흥업소에서 일하는 여성들이 연이어 식사하러 왔다.

남편은 스낵바, 아내는 커피와 식사를 내놓는 킷사텐을 꾸려가며 둘 다 열심히 일만 했다. "일을 정말 좋아하거든요. 그런데 손님들이 건강을 염려해서 10년 전부터는 밤 12시에 문을 닫고 있어요."

그렇지만 나카노와 아자부주반 사이의 거리만큼 부부 사이에 골이 생겼다. 결국 이혼했고 이후에 남편은 세상을 떠났다. 하세베 씨는 이런 이야기를 하자마자 말수가 줄어들었다. 남편분이 어떤 사람이었느냐고 묻는 말에만 환하게 웃으며 "말을 조리 있게 잘하고 사람들이 잘 따랐죠. 나와는 다르게 손님과 이야기하는 게 성격에 잘 맞았어요."라고 말했다.

두 사람이 상의해서 만든 메뉴는 지금도 거의 그대로다. 정식만 해도 네모나게 성형한 고기를 익혀 내놓는 사이코로스테이크(サイコロステーキ), 함박스테이크, 소고기철판구이, 멘치카쓰, 새우튀김, 굴튀김, 돼지고기김치마요네즈구이 등 스물네 종류나 된다. 돼지고기된장덮밥, 굴달걀덮밥 등 덮밥 종류도 많다. 어떤 음식이든지 양이 푸짐하며, 맛이 깊고 진해 맛깔스럽다.

돼지고기생강구이는 노릇노릇 먹음직스럽고, 가라아게에서는 진한 맛이 느껴진다. 일본식 스파게티인 나폴리탄(ナポリタン)은 케첩으로 맛을 낸다. 옛날부터 먹어온 친숙한 기본적인 맛이지만, 현대인이 좋아할 만한 어떤 다른 요소가 느껴진다.

포크지글지글구이(ポークじゅうじゅう焼き)는 마늘 양념이 잘 배인 매콤달콤한 삼겹살이 정말로 지글지글 소리를 내면서 철판에 가득 담겨 나온다. 고기 아래에는 한입 크기로 큼직하게 손질해 볶은 양배추가 깔려 있다. 양배추와 고기는 함께 볶지 않고 따로따로 조리하는데 가장 먹기 좋은 상태가 되도록 불을 조절해 완성한다.

또 다른 명물은 한 아름 되는 커다란 접시에 나오는 '페어 세트(ペアセット)'다. 가령 '필래프와 나폴리탄' '나폴리탄과 가쓰돈(カツ丼)' 등 꿈에서나 볼 법한 요리가 콤비로 나온다. 당시 주요리를 세트로 구성해 내놓는 곳은 이 식당밖에는 없었다고 한다. 모두 '내가 먹고 싶으니까'

혼자서 이렇게 많은 음식을 요리한다(96쪽). "옛날에 이 근처에는 버스만 다녔어요."라고 말하는 하세베 씨. 벽을 따라 혼밥용 테이블이 쭉 놓여 있다. 정식집을 찾는 1인 손님에게는 기분 좋은 배치다(오른쪽 위). 커다란 접시에 담겨 나오는 페어 세트 '필래프와 나폴리탄'.

만든 구성이었다. 그렇기 때문에 하세베 씨가 좋아하지 않는 셀러리나 고수는 요리에 넣지 않는다.

개인이 꾸려가는 식당은 참 자유롭다. 내가 좋아하는 음식을 내놓으니까. 이는 분명 꾸준히 장사를 해나갈 수 있는 이유와 전혀 관련 없지 않을 것이다.

마요네즈에 간장 한 방울

하세베 씨의 요리는 섬세한 마음 씀씀이로 가득 넘친다. 식당 영업용으로 나오는 드레싱은 맛이 없다면서 참기름 드레싱을 직접 만든다. 페어 세트에 함께 나오는 양상추, 오이, 토마토 샐러드의 드레싱은 간장을 한 방울 떨어뜨린 마요네즈다. 티는 내지 않지만, 이 간장 마요네즈를 싫어하는 사람은 거의 없다. 된장국은 젓가락으로 뜨면 엄청난 양의 미역이 딸려 올라온다. 게다가 달걀까지 들어가 있다.

"옛날에 정식집 된장국에 들어가는 두부는 사각형으로 작게 잘라 두 개 넣는 게 기본이었다고 들었어요. 저는 그런 생각은 해본 적이 없어요. 달걀은 모두 좋아하잖아요."

가라아게나 갈비덮밥, 지글지글구이 등 많은 고기 메뉴에 사용하는 소스는 수제 만능 소스로, 한꺼번에 만들어 둔다. 이틀에 한 번, 커다란 통에 마늘 열 개와 간장, 술, 비법 식재료를 넣어 푹 끓인다. 무언가 다른 요소가 바로 이것이었다.

밤늦게 여성 혼자서 오는 손님도 많다. 나도 옛날에

밤 9시에 이곳을 찾은 적이 있는데 먼저 온 손님들이 몇 명이나 있었다. 회사원들이다 보니 금방 먹고 바로 돌아갔지만, 맥주나 레몬사와를 한 잔 마시는 사람도 있었다. 그런 모습이 근사했다. 야근으로 지친 날 롯폰기와 가까운 이런 도심에서 늦은 시간에 채소가 가득 들어간 제대로 된 가정 요리를 먹을 수 있다니, 여성들에게도 분명 천국이나 다름없다.

벽 쪽에는 1인용 테이블이 쭉 놓여 있었다. 다른 사람과 이야기꽃을 피울 수 있는 합석 자리도 좋지만, 기진맥진할 정도로 지친 밤에 혼자 즐기고 싶은 저녁밥도 있기 마련이다. 나와는 그렇게 애쓰며 사는 사람들이 잠시 쉬어가는 꽤와 같은 식당이다.

"남성이든 여성이든 젊은이든 늦게까지 어떻게 그렇게 다들 일하는지 대견해요. 40년 전에는 사람들이 훨씬 더 느긋했는데 10년 사이에 많이 달라졌다고 느껴요. 직장에서 집으로 돌아가는 시간이 더 늦어졌구나 싶거든요."

마치 어머니와 같은 인자한 표정을 지어 보였다.

식당이 쉬는 주말에는 장을 보고 재료를 손질한다. 그러는 틈틈이 지압과 안마 치료를 받거나 침을 맞으러 다닌다.

"웍을 들고 조리하다 보니까 나이가 들수록 건초염이 점점 위쪽으로 올라오더라고요. 어깨나 목도 늘 아파요. 요가나 스트레칭도 하고 싶지만 좀처럼 다니기가 어렵네요."

지금은 휴일에 오키나와의 전통 현악기인

산신(三線)을 배우며 치는 게 낙인데 산신을 치다가 저녁에 다른 식당에서 밥을 먹으면 하루가 끝난다고 한다. 임시 휴업을 하는 일은 거의 없다. 이러한 생활을 43년 동안 이어왔다. 그렇지만 아무렇지 않게 말한다.

"저는 고민이 없어요. 매일 손님이 맛있다고 말해주니 늘 기분이 좋아 스트레스를 받을 일이 없죠."

그렇다면 하세베 씨가 위안을 받는 장소는 어디일까?

"오키나와예요. 거기에도 작지만 집이 있어요. 연휴에는 꼭 갑니다. 지금은 세상을 떠난 남편이 있었던 오키나와에서 가장 편안하게 보낼 수 있어요."

남편과 어떻게 헤어졌는지는 물을 수 없었다. 그렇지만 히비스커스도 그렇고, 산신, 가게 이름, 요리에서까지 남편에 대한 마음이 넘쳐날 정도로 전해져서 가슴이 벅차올랐다.

하세베 씨는 다음 연휴에도 분명 남쪽 땅에 있을 것이다. 잠시 날개를 접고, 기운을 충전해 왔으면 좋겠다.

ⓒ 2025년 4월, 49년의 역사에 막을 내렸다.

손님이 함께 장을 보는 식당. 기치조지의 사랑받는 소바집
사라시나(更科)

소바집에 들어가면 먼저 뭘 먹을지 고민하고 싶다. 벽에는 메뉴판이 가득 걸려 있었으면 좋겠고, 되도록 가족이 함께 꾸려가는 식당이면 더할 나위 없겠다.

'겨우 이 정도 양인데 이 가격이라고?' 마음속으로 불만을 토로하지 않아도 될 정도로 양이 많고 젠체하지 않는 가게이면서 우동도 먹을 수 있는 동네 소바집을 좋아한다. 그렇지만 우동과 소바, 어느 한쪽이 맛없는 곳은 좀 곤란하다. 맞다, 소바를 찍어 먹는 국물인 '가에시(かえし)'로 만들어 내놓는 가쓰돈도 조금 먹었으면 좋겠다.

이런 제멋대로인 소원을 모두 이루어 주는 곳이 기치조지역에서 도보 15분 거리에 있는 사라시나다. 문을 연 지 50년. 언제 가도 동네 단골들로 가득 차 있지만, 회전률이 빠르다. 70대 부부인 사카 하루키(坂春義) 씨와 하치요(八千代) 씨, 둘째 며느리로 필리핀 출신인 체리(チェリ) 씨가 함께 식당을 꾸려간다.

"미니 가쓰돈 세트에 나오는 가쓰돈은 어느 정도 크기인가요?" 하치요 씨에게 묻자 근처에 앉아 있던 단골로 보이는 남성이 선수를 쳐서 두 팔을 멜론만 하게 만들더니 "이 정도 돼요."라고 말했다. 그 말에 하치요 씨가 "그렇게 안 커요."라며 웃어넘겼고, 체리 씨는 테이블을 닦으면서 "와하하하" 하고 큰 소리로 웃었다. 손님도 그

웃음에 따라 웃었다. 이렇게 명랑한 사람들이 음식을
만드니 맛이 없을 수가 없다.

결국 미니 가쓰돈 세트는 전혀 미니가 아니라 한가득
담겨 나왔고, 두부튀김조림, 두부와 미역과 파를 넣어
신슈된장으로 끓인 된장국, 수제 배추절임과 단무지가
곁들여 나왔다. 면은 우동과 소바 중에서 고를 수 있었다.

'가에시'는 소바를 찍어 먹는 국물의 원액과 같은
것이다. 시라시나에서는 창업 당시부터 만조미림
(万上みりん)과 히게타간장(ヒゲタ醬油), 사탕수수로 만드는
굵은 설탕인 시라자라메(白ザラメ)를 조합해 사용한다.
간장 맛만 너무 두드러지지 않고 굵은 설탕의 단맛이 살아
있다. 가쓰돈을 한입 가득 먹으면서 그 숨겨진 능력이
소스가 스며든 밥에까지 미친다고 순간순간 생각했다.

소바는 면이 가늘었지만, 씹는 맛이 생생하게
느껴지는 식감으로 깔끔했다. 굵은 면도 있었는데 무려
소바도 우동도, 중국식 냉면인 히야시주카(冷やし中華)의
면도 매일 가게에서 직접 치댄다고 한다. 그걸 알고 나도
모르게 소리를 질렀다.

"가게에서 직접 만드신다면 메뉴에 '수타면'이라고
써야죠!"

"그래야 하나요? 우리는 옛날부터 이렇게
만들었는데."

배부르게 먹을 수 있는 정식은 전갱이튀김,
채소볶음, 돼지고기생강구이, 고등어된장조림, 가라아게,
스키야키, 등심돈가스, 모둠튀김 등 여덟 종류다. 커다란
전갱이튀김은 단품으로는 600엔으로 먹을 수 있다.

레몬을 꽉 짜서 뿌린 다음에 먹으면 좋다. 가에시로 양념한 닭꼬치가 올라가는 미니 야키토리덮밥(ミニ焼き鳥丼)과 모리소바세트(もり蕎麦セット)도 괜찮다. 소바집인데도 점심 메뉴에 커피가 함께 나온다.

식당 주인은 체리 씨의 남편이자 차남인 류지(竜治) 씨였다. 그런데 작년 2월 뇌출혈로 갑자기 세상을 떠났다.

"친구 가족과 식사를 하러 갔다가 그곳에서 쓰러져 5일 후에 세상을 떠났어요. 아들 없이 1년 동안 정말 잘 버텼죠. 슬퍼할 겨를도 없었어요. 섣달그믐날에 나갈 소바는 어떻게 할 거야?, 하며 매일 눈앞에 닥친 일들을 헤쳐 나가는 것만으로도 벅찼으니까요." 하치요 씨는 말했다.

한 해를 마무리하며 먹는 해넘이소바(年越し蕎麦) 때문에 가장 바쁜 섣달그믐날은 옛날에 이 식당에서 일했던 종업원이 와서 도와주었다. 아홉 살과 여섯 살 손자들은 단골이 휴일에 데리고 놀러 간다. 휴일에도 어른들은 식당 일로 바쁘기 때문이다. 그런데 슬쩍 가게를 들여다보더니 아무 말 없이 사라진 남성이 있었다. "저 분이 바로 얼마 전에 아이들을 데리고 놀러 가주었어요." 그 손님은 자주 식당을 살피러 온다고 한다.

아이들이 가게 구석에서 숙제를 하면 단골손님들이 봐준다. 식자재를 들여오는 일은 둘째 아들 담당이었는데 나머지 세 사람은 운전을 할 줄 몰라 지금은 단골손님이 운전하는 차로 시장에 간다.

하루키 씨는 주방에서 묵묵히 음식을 만든다. 체리 씨는 "이곳이 없었다면 일본에서 열심히 살지 못했을

이 미니 가쓰돈 세트의 양을 한 번 보시라. 차남(오른쪽 가운데)도 장남도 꿋꿋하고 활기찬 아이들로 식당의 마스코트와 같다. 튀김을 튀기는 하치요 씨 안쪽에 있는 사람이 갑자기 세상을 떠난 둘째 아들의 아내 체리 씨다. 모듬튀김정식은 전갱이, 새우, 등심 등 세 가지가 함께 나온다(오른쪽 아래).

거예요."라며 중얼거렸다.

어제까지 함께 있던 한창나이의 가족이 갑자기 사라지다니, 얼마나 상심이 컸을까. 하치요 씨는 아들이 세상을 떠나고 정말 힘들었지만 역에서 멀리

기치조지키타마치 1-5-16

떨어진 여기까지 찾아왔는데 식당이 쉬면 손님에게 너무 미안하다며 일주일 후에 문을 열었다. "바빠야 생각이 안 나요." 하치요 씨는 말했다.

1,000엔 정도로 배부르게 먹을 수 있는 저렴한 가격에 관해 물으니 "우리 식당에 오는 손님은 이 근처에서 일하는 회사원이나 현장에서 일하는 사람도 많고 가족 단위로 오는 분들도 있죠. 그러니 비싸게 못 받아요. 낮에도 밤에도 오는 단골도 있고요." 하고 말했다.

아직은 죽을힘을 다해 달리는 중이다. 세 사람도 손님도 일부러 류지 씨를 떠올리지 않으려고 애쓰는 것처럼 보였다. 마음의 고통을 지금은 어떻게든 봉인하고 있다. '동네 사람들에게 사랑받는 가게'는 글로 쓰면 쉽지만, 시라시나만큼 손님이 함께 뒷받침해주는 가게는 드물 것이다.

가족이 함께 가게를 꾸려가면서 수많은 사람의 입을 즐겁게 하고 배를 든든히 채우며 손님에게 힘을 얻고 있다.

정식집 관찰기1
좋은 식당을 알아보는 비결은 벽걸이 메뉴판에 있다

식당 벽에 쭉 걸려 있는 손글씨 나무판, 혹은 붉은 테두리의 종이를 본 적이 있을 것이다. 요리 이름과 가격이 쓰여 있는 것을 벽걸이 메뉴판이라고 부른다.

인쇄해서 걸어 놓는 게 아니라 식당 주인의 개성이 묻어나도록 매직으로 직접 쓴 벽걸이 메뉴판이 있는 식당에 가면 왜 저절로 맛있는 곳이겠다는 생각이 드는지 전부터 궁금했다. 어수선하게 붙어 있을수록 더 끌린다.

몇몇 식당을 돌아다니다가 이유를 알게 되었다.

제철 식재료로 만드는 음식을 내놓는 식당은 대표 메뉴 이외의 메뉴는 인쇄하지 않는다. 계절에 따라 달라지기 때문이다. 이유가 그렇다 보니 자연스럽게 손글씨로 써서 메뉴를 추가하거나 빼거나 한다. 혹은 벽걸이 메뉴판을 못에 걸어 두는 곳이라면 식재료가 없을 때는 뒤집어 걸어 놓는다. 즉 1년 내내 같은 메뉴만 인쇄되어 붙어 있다는 말은 계절에 따라서는 '냉동한 재료'를 사용한다는 증거다. 특히 생선을 취급하는 가게에서는 맛에서 큰 차이가 생기기 마련이다.

벽걸이 메뉴판이 압권인 곳은 역시 아사쿠사의 미즈구치식당(39쪽)이다. 벽걸이 메뉴판과 손글씨 메뉴만으로도 부족해 화이트보드까지 등장한다. 지금까지 나는 정식집에서 오징어링튀김도, 전갱이튀김도, 가리비도, 일반 튀김도 1년 내내 먹을 수 있는 게 당연하다고 생각했다.

그렇지만 미즈구치식당의 벽걸이 메뉴판(38쪽)을 유심히 보기를 바란다. 두 번째 단의 '생물 전갱이튀김

(生あじフライ) 690엔'이라고 하얀 글씨로 적힌 판 옆에
'전갱이튀김(あじフライ) 530엔'이라고 적힌 나무판이 걸려
있다. 세 번째 단에는 '생물 가리비튀김(活ホタテフライ)
690엔'이라고 하얀 종이에 역시 손글씨로 적혀 있다.

    늘 걸려 있는 나무판에 적힌 전갱이튀김은 일정한
공급을 위해 냉동을 사용한다. 한편 그날 시장에서 생물
전갱이가 들어오면 냉동하지 않고 사용한다. 신선도가 가격에
반영되니 가격은 비싸지지만, 후자의 벽걸이 메뉴판이 걸려
있다면 그날은 운이 좋은 셈이다. 그러니 고민하지 말고
주문하자. 생물 가리비도 제철에만 들어오기 때문에 메뉴판에
직접 쓴다.

    벽걸이 메뉴판을 뒤로 돌려놓거나 교체하는 방식을
활용하는 가게는 물론이고, 종이나 칠판, 화이트보드에
어수선하게 추가해 적어 놓는 가게라면 맛있는 곳이라고
여겨도 좋다. 맛있는 가게를 가늠하는 방법은 맛이나 저렴한
가격뿐만이 아니다. 제철에 나오는 신선한 식재료는 그
자체만으로도 맛있다.

    채소도 마찬가지다. 봄에 나오는 쑥갓의 부드러움,
여름에 나오는 방울토마토의 단맛, 가을에 수확하는 가지,
겨울에 나오는 무의 맛을 아는 요리사가 있으면서, 벽이
어수선한 가게는 틀림없이 맛있는 곳이다.

정식업계의 비틀스가 고마바에서 여전히 빛나는 이유

히시다야(菱田屋)

고마바도다이마에역(駒場東大前) 근처에 있는 히시다야를 취재할 예정이라고 하니 미식가이자 밴드를 하는 친구가 메시지로 살짝 실망했다는 듯이 말했다.

"그렇군요. 뭔가 이제 와서 비틀스 음악 좋다면서 뒷북 치는 느낌이네요."

그 친구는 정식집 마니아다. 그렇기 때문에 실망한 마음도 이해한다. 우선 히시다야는 유명해도 너무 유명하다. '엄청 맛있다'는 말에 이끌려 매일 사람들의 행렬이 이어진다. 얼마 전에 갔을 때는 대표 메뉴인 돼지고기생강구이정식이 식당 문을 연 지 40분 만에 품절되었다. 식당 주인인 히시다 아키라(菱田アキラ) 씨는 요리책도 냈다.

맛있고 유명한 정식집의 최고봉에 있는 듯한 존재이기 때문에 여기에 굳이 소개하지 않아도 될 것 같았다고 변명하고 싶다.

이 책에서는 땅값이 비싼 도쿄에서 힘껏 분발해 맛있는 정식을 저렴한 가격에 제공하고, 되도록 가족이 꾸려가며, 동네 사람에게 사랑받지만, 식당을 알리는 일에 할애할 시간이 없어 잘 알려지지 않은 좋은 식당을 소개하고 싶다. 히시다야는 '알려지지 않았다'는 점만 빼고는 전부 해당하지만, 이 점이 치명적이었다. 조금 있다가 앞에서 이야기한 친구한테서 메시지가 왔다.

"그렇지만 역시 비틀스는 입문 밴드로서, 모든 밴드 음악가의 궁극적 목표이니 히시다야에 가는 마음도 이해가 됩니다.(^o^)"

돼지고기생강구이 이상으로 내 마음을 몰래 사로잡은 요리가 있다. 달고 투명하고 윤기가 잘잘 흐르는 밥과 세 종류의 쌀겨절임이다. 둘 다 고급 요정에서 나오는 요리에 뒤지지 않는다고 단언할 수 있다.

취재 의뢰를 할 때 돼지고기생강구이정식도 취재하고 싶다고 부탁하니 취재가 있을 때마다 그 요리를 다루니까 되도록 다른 요리로 했으면 좋겠다는 답신이 왔다.

좋아, 그렇게 하자. 비틀스에게 《렛 잇 비(Let It Be)》에 관해 묻는 건 그만두자. 《베이비스 인 블랙(Baby's in Black)》이나 《에브리 리틀 싱(Every Little Thing)》 등 3위 안에는 안 들어도 명곡은 많다. 나도 정식계의 비틀스에게 돼지고기생강구이 이외에 묻고 싶은 내용이 엄청 많다.

드디어 5대 사장인 히시다 아키라 씨와 그의 아내인 4대 사장 히시다 노리아키(菱田憲昭) 씨의 딸 유코(優子) 씨를 중심으로 직원들이 일사불란하게 움직이는 고마바도다이마에상점가(駒場東大前商店街)의 상징으로 향했다.

쌀 블렌드의 달인이 계절마다 배합을 달리하는 집념이 담긴 쌀

밥은 보기에도 달랐다. 윤기가 잘잘 흐르고 투명한 금방 지은 밥이 그릇에 소복하게 담겨 나왔다. 씹을수록 단맛이 돌고 고급스러운 찰기까지 느껴졌다.

"쌀에 엄청 신경을 써요. 금방 지은 밥을 드시게 하고 싶어서 5인분 정도씩 나누어서 점심시간에 다섯 번 밥을 짓습니다. 손이 많이 가지만 모든 손님에게 금방 지은 밥을 드릴 수 있고 남지 않으니 보온하지 않아도 되지요. 게다가 할아버지 대부터 아이하라(アイハラ) 씨에게 쌀을 부탁하고 있으니까요."

쌀가게를 운영하는 여든 살의 아이하라 씨는 계절, 기후, 습도, 시대에 따른 기호 변화 등을 감안해 전국의 쌀을 블렌드해 히시다야에 공급한다. 가령 햅쌀이 나오는 계절에 햅쌀로만 밥을 지으면 수분이 너무 많아 질어지기 때문에 일부러 건조된 묵은쌀을 소량 섞는다. 또한 내륙에서 생산되는 쌀은 수분이 많고, 바다 연안에서 생산되는 쌀은 수분기가 적기 때문에 늘 최고의 식감과 맛을 내기 위해 각지에서 생산되는 쌀의 특징을 계산하면서 섞어 섬세하게 조절한다. 이른바 쌀 장인이라고 할 수 있다. 인기가 있는 가게에는 그 인기를 뒤받침하는 이유가 제대로 있는 법이다. 과거에는 아이하라 씨처럼 쌀에 관한 지식을 풍부하게 갖춘 훌륭한 전문도매상에서 재료를 공급받는 음식점이 많았는데 지금은 그런 지식을 가진 사람이 손에 꼽을 정도도 적단다.

이런 이야기를 나누는데 우연히 아이하라 씨가 납품하러 왔기에 이야기를 들었다. "저처럼 열다섯 살 때부터 견습생으로 직원을 고용하는 그런 옛날 쌀집은 모두 쌀 블렌드를 할 수 있었어요. 대단한 일도 아니죠.

쌀가게를 운영하는 아이하라 씨가
오토바이로 작업 중이다(왼쪽 위). 집합
사진 왼쪽 두번째부터 유코 씨, 노리아키
씨, 아키라 씨다. 참치 뱃살(오른쪽 위)을
아낌없이 듬뿍 구워 참치생강구이정식으로
내놓는다. 가게에서 국산 소고기를 직접
갈아서 만드는 멘치가쓰(오른쪽 아래).
깨끗한 기름이 주룩 흐른다.

그보다 저는 앞에 나서는 걸 꺼리는 사람이에요. 그냥 뒤에서 묵묵히 사람들을 돕는 걸 좋아하죠. 그게 좋아요."

히시다야의 사람들과 아이하라 씨는 어딘가 닮아 있었다. 앞에 나서지 않으려고 한다. 중뿔나게 나서지 않는다. 와규불고기정식은 마쓰사카소고기(松阪牛), 기타사쓰마소고기(北薩摩牛), 다무라소고기(田村牛) 등 세 종류만 사용하는데 메뉴에는 유명 소고기 브랜드의 이름이 적혀 있지 않았다. 그 이유를 물으니 아키라 씨가 말했다.

"일부러 강조해서 말하면 멋없잖아요. 드시러 오는 손님이 맛있다거나 좋은 가게라고 느낀다면 그걸로 족합니다. 그러다 보면 매일 오시죠. 혹은 맛있었다면서 다음에 가보라고 다른 사람에게 알려줍니다. 음식의 맛이 손님에게 전해지는 그 힘을 믿어요."

아이하라 씨에 대한 전폭적인 신뢰와 히시다야 사람들의 기질이 전혀 별개의 것이 아니라는 생각이 들었다.

120년 동안 쌀겨를 계속 보충해 가면서 이어온 쌀겨절임용 누카도코는 하루도 빠짐없이 손으로 뒤집어 섞어 채소를 절인다. 그러한 쌀겨절임은 유코 씨 아버지 노리아키 씨 담당인데 연세가 많아 점심 장사가 끝나면 출근해 밑간 등을 한다.

창업한 지 120년이 된 히시다야는 본래 도쿄대학교(東京大学) 구내에 자리한 도시락 가게로 시작했다. 누카도코는 당시의 것으로 아이하라 씨로부터 쌀겨를 제공받아 꾸준히 보충한다. 너무 많이 발효되면 고추나 달걀껍데기를 넣어 직원이 다 함께 시식해 가면서 간을 맞춘다. 정식을 주문하면 쌀겨절임은 네모난 작은 접시에 당근, 오이, 순무 등 세 종류가 담겨 나오는데 모두 아삭아삭하고 맛있다.

참치생강구이정식을 준비하는 광경은 그야말로 장관이다. 기름진 분홍색 참치 뱃살이 1인분에 225그램이나 그릇에 푸짐하게 담긴다. 그런데 메뉴판 어디에도 참치 뱃살이라고 적혀 있지 않으니 이 정도면 굳이 내세우지 않는 것이 히시다야의 미학이라고 해도 좋겠다. 참치는 식당에 들여오는 가격을 낮추기 위해 중계인을 통하지 않고 매일 아침 도요스(豊洲)와 시바우라(芝浦)에 있는 어시장까지 직접 가서 사온다. 참치살의 지방이 간 생강과 마늘 향이 조화로운 매콤달콤한 양념과 잘 어우러져 입안에서 살살 녹는다. 마치 스테이크를 먹는 듯한 기분이다.

큼직하고 두툼한 멘치카츠는 앞에서 이야기한 유명 소고기를 식당에서 직접 갈아 만든다. 간 고기의 입자가 커서 씹으면 육즙이 입안 가득 주룩 퍼진다. 330엔을 추가하면 정식으로 먹을 수 있다. 밤이 되면 단품 멘치카츠를 안주 삼아 술을 즐기는 사람들로 식당 안은 다시 활기로 넘친다.

원점은 '가바오네집'

생각보다 여성 손님이나 혼자 오는 손님이 많았다. 개성 있는 맛의 돼지고기생강구이를 너나할 것 없이 남기지 않고 다 먹었다. 18년 전 아키라 씨가 유코 씨와 결혼해 식당을 대대적으로 수리할 때 카페처럼 여성들도 편하게 들어오도록 하겠다면서 일부러 이렇게 설계했다고 한다.

"제가 중화요릿집을 그만두고 결혼해 히시다야에 들어왔을 때는 카운터석만 있고 오뎅을 팔았어요. 정식집이라기보다 술집 같은 분위기라서 남성 손님이 대부분이었죠. 젊은 층이나 여성 손님도 늘었으면 싶어 안이 훤히 보이도록 전면 유리로 시공하고 식당 안은 청결하면서 나무 느낌이 나는 분위기로 만들었어요. 히시다야에 옛날부터 있던 좋은 점과 새로운 점을 융합하고자 했습니다."

메뉴가 적힌 칠판이나 쇼와시대 분위기가 물씬 풍기는 디자인의 접시는 전부터 사용하던 것이다. 메뉴는 대대적으로 개편했지만, 색색으로 화려하고 수북하게 요리를 담는 방식은 장인어른 시절 그대로다. 푸짐한 양을 고수하는 학생 식당의 장점이 히시다야의 커다란 매력이다. 사람들에게 아주 인기가 있는 반찬인 '채소 스파게티 샐러드'도 선대의 레시피 그대로다.

긴자에 있는 초밥집이나 유명 중화요릿집 분린(文琳)에서 일했던 아키라 씨는 술회한다.

"저는 시즈오카에서 정식집을 해야겠다고 마음을 먹고 상경하지는 않았어요. 그렇지만 외동딸인 아내가 대를 잇지 않으면 이 식당이 사라지겠더라고요. 그렇게는 두고 볼 수 없었죠. 장인어른이나 할아버지가 소중하게 지켜온 이 식당은 도쿄대학교라는 일본 최고의 대학교 바로 근처에 있어요. 그렇다면 우리도 일본에서 제일가는

정식집이 되자고 생각했습니다."

　　장인어른 혼자서 꾸려가던 무렵 일손이 부족해 음식 재료는 근처 슈퍼마켓에서 들여왔다. 그렇지만 참치의 품질이 좋지 않았고 미리 잘린 채로 구입해야 한다는 점이 아키라 씨는 불만이었다.

　　"고기나 생선을 제가 생각하는 크기로 손질하고 싶었어요. 은대구데리야키도, 연어버터구이도 스테이크도 꿈에서나 나올 만큼 큼직하게 자르고 싶었죠. 그렇게 내놓으면 사람들은 감동해요. 생선이나 고기로 내세울 수 있는 건 크기니까요."

　　회도 주문이 들어오면 그때그때 잘라서 내놓고 싶었다. 슈퍼마켓에서 들여온 재료로 내 식당의 메뉴가 좌지우지되는 것도 괴로웠다.

　　그러던 어느 날 아키라 씨가 드디어 이런 말을 꺼냈다.

　　"장인어른, 제가 시장에 가겠습니다."

　　당시에는 쓰키지시장 어디에 가서 어떻게 재료를 들여와야 하는지도 전혀 몰랐고, 가격을 파악하는 방법조차 알지 못했다.

　　처음에는 생선구이였다. 접시에 다 담기지 않을 정도로 크고 두툼한 생선이 나온다고 사람들의 입소문을 타고 퍼져 메뉴도 점점 늘어났다. 그러더니 먼 지역에서도 돼지고기생강구이를 먹고자 손님이 찾아왔다.

　　식재료는 일류다. 그렇지만 푸짐한 양이나 가격, 손님 응대, 인테리어는 어디까지나 너무 힘이 들어가지 않는 방식을 고수한다.

　　"도쿄는 멋있는 척하는 가게가 많잖아요. 젠체하지

않고 일일이 따지지 않으면서 너무 신경 쓰지 않아도 되는 식당으로 꾸려가려고 합니다."

편안함의 원점은 아키라 씨 고향인 시즈오카의 친구 집이다. 친구는 가바오라는 별명을 가졌다.

"어렸을 때 저와 친구 열 명이 잘 뭉쳐 다녔는데 이유는 모르겠지만 늘 가바오네 집에 갔어요. 그렇게 넓거나 멋있는 집도 아니었고 어머니도 항상 집에 계셨어요. 친구 중에는 잘사는 집 친구도 있었고 부모님이 출근하셔서 비어 있는 집도 있었는데 유독 모두 가바오네 집에 매일 가려고 했어요. 히시다야를 바꿀 때 가장 먼저 떠오른 곳이 가바오네 집이었습니다."

편안함의 정체는 멋있는 척하지 않고 젠체하지 않고 가족이 꾸밈없이 있을 수 있는 분위기였다.

히시다야는 누군가의 집에 놀러 간 듯한 편안함이 깃들어 있다. 직원들이 너무 붙임성 있게 손님을 대하지도 않는다. 그런 점이 가정집과 비슷하다. 그래도 요식업을 하다 보면 내심 조금 멋있는 척을 하고 싶어질 것 같은데 아닐까? 이 점에서도 역시 정식집 분야의 비틀스라고 할 만큼 아키라 씨의 대답이 최고로 멋있었다.

"성실하게 요리하는 것. 그것이 가장 멋있다고 저는 생각합니다."

[그 후의 이야기]
2021년 2호점 '히시다야 사카바(菱田屋酒場)'가 문을 열었다. 신선도를 중시해 음식 준비는 거의 미리 해놓지 않고 주문이 들어오면 그때부터 조리해 내놓는다. 이러한 방식은 본점과 똑같다.

고마바 1-27-12

히시다야

심오한 채소볶음. 뭐든 다 맛있는 동네 중화요릿집
마루쇼중화요리점(丸昭中華料理店)

채소볶음은 요리사 입장에서는 좀 딱한 메뉴라고
생각한다. 특별한 레시피가 없어도 만들 수 있는 데다가
보기에 너무 소박하다 보니 아무런 특징이 없다. 대부분
어떤 정식집에 가든지 먹을 수 있다 보니 손님은 딱히
먹고 싶은 메뉴가 없을 때 채소볶음이나 먹을까 하고
주문한다. 반드시 채소볶음을 먹어야겠다는 절박한 이유를
발견하기가 어렵다. 벤치 신세는 되지 않는 선발 투수지만,
무언가 딱한 위치에 있다.

마루쇼의 고기피망볶음정식(ピーマン肉炒め定食)을
먹고 나는 채소볶음에게 미안하다고 사과하고 싶어졌다.
단순한 소금양념 맛이 아니었다. 닭으로 맛을 낸 중화풍
맛도 아니었다. 뭐지, 이 뒷맛에 여운이 느껴지는 복잡한
감칠맛은?

피망, 배추, 영콘, 당근, 양파, 머시룸, 목이버섯,
돼지고기를 달달 볶은 요리가 커다란 접시에 가득 담겨
나왔는데 모든 식재료의 식감이 달랐다. 영콘마저도
식재료가 지닌 이상적인 식감으로 정돈되어 있었다.
아삭하고 큼직한 건더기는 양파였다. 다진 것보다 크기가
컸다. 이렇게 재료를 잘라 넣은 채소볶음은 본 적이 없었다.

2대 주인 다테노 사카에(舘野栄) 씨가 말했다.

"아버지 대부터 식감만은 엄청 신경 쓰고 있어요.
양파는 식감을 한층 더 좋게 하려고 건더기가 씹히도록

손질합니다."

피망은 6-7밀리미터 폭으로, 당근은 실처럼 채 썬다. 배추는 아삭한 식감이 제대로 남아 있었다. "기본양념은 수제 양파기름과 소금입니다. 거기에 두반장을 조금 넣죠." 다테노 씨가 말했다.

직접 만드는 것은 양파기름만이 아니다. 자차이, 죽순을 데쳐서 발효해 말린 멘마(メンマ) 외에도 '엄청 맛있으니까'라는 이유로 산초기름과 맛 식초인 폰즈, 고추기름, 유자 후추까지도 직접 다 만든다. 사카에 씨의 어머니 히사코(久子) 씨가 만드는 아사즈케는 단품으로 주문하는 손님도 많다. 차조기열매 소금절임을 바탕으로 한 오이나 순무 아사즈케 등 채소는 계절에 따라, 그리고 히사코 씨의 기분에 따라 바뀐다.

개인적으로 이제는 라멘과 볶음밥 반이 함께 나오는 탄수화물 세트를 소화하기 어려운 나이가 되었다. 그렇기 때문에 요리 하나에 반찬이나 절임이 나오는 균형 잡힌 정식은 아주 고맙다. 동네 중화요릿집은 '세트'는 있어도 '정식'이 있는 곳은 의외로 드물다.

새우달걀토마토볶음은 깊은 그릇에 갈분 소스인 안카케(あんかけ)가 듬뿍 담겨 나오는데 커다란 새우가 다섯 마리나 들어 있었다. 이렇게 나오는데 800엔이라니.

"거의 남는 게 없어요. 아버지가 옛날부터 서비스 정신이 대단한 분이라 곱빼기로 제공했죠. 그래서 못 바꿔요."

사카에 씨는 누나가 셋이 있는 4형제다. 어렸을 때부터 저녁은 매일 가게 한쪽에서 먹었다. 늘 커다란 접시에 담긴 요리를 가족이 나누어 먹었는데 "손님용으로 만들 때도 다 함께 나누어 먹었으면 좋겠다는 마음에 자연스럽게 양을 많게 하게 됩니다." 하고 말했다.

탐탁지 않았던 아버지의 '어서 오세요'

1971년 아버지 쇼조(昭三) 씨가 후추시(府中市)에서 식당을 시작했다. 그리고 10년 후 지금의 세타가야구 야하타야마(八幡山)로 이전했다. 사카에 씨는 동네에 있는 초중고를 다니며 이 지역에서 자랐다. 사춘기 무렵에는 아버지가 어서 오세요, 하면서 인사하는 목소리가 죽을 만큼 싫었다고 한다.

"목소리가 너무 컸어요. 학교가 끝나고 집에 가다 보면 100미터 전부터 어서 오세요, 하는 소리가 들려요. 정말 창피했죠. 저런 집에 내가 돌아가야 하는 건가 싫었어요."

그렇지만 대학에 가지 않아 죄송한 마음에 아버지와 같은 요리의 길로 접어들었다. 신주쿠에 있는 고급 중화요릿집에서 7년 동안 경험을 쌓고 스물여섯이 되었을 때 가게를 물려받았다.

"여기 식당은 점심 메뉴부터 손님 한 사람이 쓸 수 있는 금액이 레스토랑과는 전혀 다르죠. 게다가 소방단이나 지역 자치회, 동네 사람들과도 관계를 잘 맺어야 해요. 부모님도 돌봐야 하고요. 처음에는 이런 일들이 좀처럼 익숙해지지 않더라고요."

그로부터 20년, 아버지는 여든, 어머니는 일흔다섯이

마루쇼중화요리점

식재료 하나하나의 식감을 계산해 준비하는
고기피망볶음정식(124쪽). 직접 만드는
자차이와 멘마는 술안주로도 인기다.
사천뚝배기마파두부(四川土鍋マーボー豆腐)
(왼쪽 위)는 마지막에 초피나무 열매와
산초를 칼로 으깨 향을 더한다. 가게
이름은 아버지 쇼조 씨의 이름에서 따왔다.
부모님과 사카에 씨(오른쪽 아래).

되었다.

"지금은 이 동네에 완전히 섞일 수 있어서 다행이다, 좋다고 생각해요. 아버지를 통해 사람들도 많이 알게 되었죠. 어릴 적 친구들도 오기도 하고, 최근에는 가게 문을 닫을 시간쯤에 손님과 함께 술을 마시기도 합니다. 저도 아버지처럼 이 동네에서 쭉 살아가겠지요."

야하타야마 3-35-26

이 동네에 익숙해질 무렵 깨달았다. 여기에서 포렴을 걸고 어떤 손님이든 당당하고 쾌활하면서 기세 좋게 맞이할 수 있는 첫 인사가 바로 끔찍하게 싫었던 '어서 오세요'이며, 꼭 필요하다고 말이다.

절체절명의 위기에 정식집을 개업해 기사회생
시모투식당(下2食堂)

상상했던 '연어소금구이정식'보다 생선이 꽤 컸다. 슴슴한 연어구이는 윤기가 잘잘 흐르고 단맛이 진하게 감도는 밥과 잘 어울렸다. 옆에 앉은 손님이 주문한 정식인 줄무늬임연수어도 살이 두툼하고 폭신폭신해 보였다. 함께 나오는 반찬도 시금치나물, 달걀조림, 채 썬 우엉과 연근조림, 톳조림, 수제 멘마, 호박조림 등 다양했다. 여러 반찬이 조금씩 담겨 나오는 방식을 참 좋아한다. 다금바리생선으로 국물을 낸 된장국을 먹으니 융숭한 대접을 받는 기분이었다.

주소가 세타가야구 시모우마(下馬) 2초메라서 시모투식당이라는 이름을 붙였다. 식당은 산겐자야역(三軒茶屋駅)에서 조금 떨어진 낡고 아담한 빌딩 2층에 있는데도 늘 만석이다. 아는 사람은 다 안다는 인기 식당은 코로나19가 한창 확산되던 2020년 10월에 시작해 문을 연 지 겨우 6개월 되었다. 이 취재는 다음 해, 즉 아직도 코로나19 팬데믹으로 앞날이 불투명하던 무렵에 성사되었다. 이곳은 바를 10년 동안 운영하던 부부가 업태를 바꾸어 문을 연 곳이다.

바를 경영한 경험이 있어서 그런지, 주인인 다카하시 아유무(高橋步) 씨와 아내인 히토미(ひとみ) 씨는 쾌활하고 붙임성이 좋았다. 기민하게 움직이면서도 "드레싱 더

드릴까요?" 하면서 세심하게 신경을 썼다. 만석이라서 어쩔 수 없이 돌려보내야 하는 손님에게는 정말로 죄송하다며 머리를 깊이 숙였다.

나무로 된 의자와 테이블은 직접 만들었고 창가에는 소파 석이 있었는데 아는 사람 집 거실에 놀러 온 듯한 따스함과 편안함이 감돌았다. 나무 바닥이나 벽, 선반도 모두 부부와 친구가 직접 시공했다. 바를 운영할 때는 손님끼리 결혼해 아이가 태어났다고 알리러 오는 등 즐거운 축제와 같은 날들을 보냈다고 아유무 씨는 말했다. 그렇지만 두 사람은 날이 갈수록 미래를 고민하게 되었다.

"10년 동안 가게를 하다 보니 아이가 생기면 이사하는 등 자주 오는 손님들이 결혼이나 전근 때문에 전국으로 흩어지더라고요. 저도 체력적으로 젊었을 때처럼 혈기 왕성하게 장사하기는 어려웠죠. 어시장이 쓰키지에 있던 무렵부터 낮에는 시장에서 겸업했기 때문에 그곳에서 배운 것을 살려 밥집을 해야겠다고 생각하게 되었어요." 아유무 씨가 말했다.

그 무렵 세상은 코로나19에 휩싸였다. 바 영업이 곤란해지면서 부부는 결심했다. 밥집을 하자!

"가장 가까운 산겐자야역 근처에는 맛있고 세련된 요릿집이 얼마든지 있습니다. 그렇지만 평소에 먹는 음식을 내놓는 곳은 없었죠. 그렇다면 매일 먹는 메뉴로 10년, 20년 먹어도 질리지 않고 계속 올 수 있는 맛있는 식당을 하자고 했죠."

코로나19로 재택근무가 늘어 편의점 도시락에 질린 1인 가구가 많았다. 집밥처럼 맛의 질을 높인다면 충분히

승산이 있었다. 바에서 정식집으로 '업태 전환'을 한 사람에게는 행정에서 보조금도 나왔다. 그것이 순풍의 돛이 되었다.

식당은 바를 그대로 활용했기 때문에 주방이 작았다. 가스불을 여러 개 놓을 수 없어 최신식 업무용 스팀 컨벡션오븐을 중심으로 사용하기로 했다. 정식은 이 설비로 만들 수 있는 요리로만 한정했다.

컨벡션오븐은 증기로 가열해 열풍을 체류시켜 찌고 굽고 조리고 볶는 요리를 동시에 할 수 있다. 나중에 판매하려고 마음먹고 있는 도시락용 음식을 만들 때도 효율이 높고 시간과 인건비도 절감할 수 있다. 생선구이 이외에도 튀기지 않는 유린기정식, 생강이 많이 들어간 돼지고기생강구이정식, 매콤한 파를 듬뿍 올린 수제 돼지고기구이정식도 컨벡션오븐으로 조리한다.

밥은 야마가타에 사는 동창생이 농사짓는 요소베이(與惣兵衛)라는 브랜드의 최상급 쌀을 들여와 짓는다.

"원가가 올라가더라도 정식집을 한다면 반드시 밥은 품질 좋은 쌀로 지어 내놓고 싶었어요. 저도 맛있는 쌀을 먹고 자라서 그런지 도쿄의 쌀이 맞지 않아 외식을 잘 못했거든요."

생선은 도요스 어시장에서 근무하던 시절의 인맥을 살려 제철에 나오는 좋은 생선을 아주 싸게 들여온다. 이날은 살이 통통하게 오른 두툼한 참돔소금구이정식이 1,100엔이었는데 수량이 정해져 있다 보니 금방 품절되었다.

직원도 늘어나서 도시락 이동 판매도 조만간 시작할

다카하시 아유무 씨, 히토미 씨 부부와 직원 유카(ゆか) 씨, 식당의 마스코트인 강아지 하루(ハル). 시장에서 근무한 경험을 살려 연어는 도요스시장에 있는 연어 전문점에서 특급품으로 들여온다. 밥은 야마가타현산 쓰야히메(つやひめ)로 짓는데 윤기가 있고 단맛이 진하다. 8인분짜리 밥솥을 두 대 교대로 사용해 되도록 금방 지은 밥을 제공한다. 위 사진이 음식점에서 혁명을 일으킨 스팀 오븐이다.

예정이라고 한다.

시모우마 2-19-6 2층

코로나19 팬데믹으로 매일 많은 식당 주인이 고민하며 애쓰고 있었다. 저렴한 정식보다 술을 판매하면 이익을 더 많이 낼 수 있지만, 영업시간 단축, 좌석수 축소, 주류 제공 금지 등 거센 맞바람만 불어왔다. 내가 방문하기 바로 전에 폐업한 가게도 있었다.

그렇지만 위기에 빠졌을 때 용기를 내서 인생의 방향을 크게 바꾸고 아이디어로 승부를 걸어 대성공한 시모투식당과 같은 곳도 있다. 코로나19로 타격을 입은 정식집을 취재하며 괴로워하던 나는 엄청나게 산뜻한 기분으로 식당에서 나올 수 있었다. 그때 가슴에 품었던 것을 한마디로 표현한다면 '희망'이었다.

엄청나게 맛있는 순녀 씨의 잡채

한국시골가정요리 도코(韓国田舎家庭料理 東光)

최순녀 씨가 만드는 잡채를 한 입 먹은 사진가 난바 씨가 눈을 깜빡이며 감탄했다.

"이거 왜 이렇게 맛있어요. 제가 지금까지 먹어본 잡채 중에 최고로 맛있어요!"

나도 똑같은 생각을 하고 있었다. 잡채에 이렇게 마음을 사로잡히다니, 난생 처음이었다.

당면 자체에 깊은 맛이 배어들어 있었다. 깊이 있는 단맛에서는 산미도 살짝 느껴졌다. 양배추나 양파, 색색의 파프리카는 식감이 아삭아삭했고 가벼웠다. 볶은 깨로 짠 향기로운 참기름이 이런 식재료들을 감싸고 있어 양이 무지 많은데도 끊임없이 들어갔다. 거짓말이 아니라 정말로.

수건을 머리에 꽉 묶어 두른 활기차고 싹싹한 순녀 씨가 말했다.

"당면만 설탕과 간장, 식초로 밑간을 한 다음 처음에 20분 정도 졸여요. 그렇게 하면 양념이 면에 잘 배어들죠. 채소는 물러지지 않도록 따로 전자레인지로 익혔다가 마지막에 함께 볶아요."

그래서 이런 식감이 나오는구나. 근데 이 깊은 맛은 정말로 간장과 식초와 설탕으로만 나오는 걸까? 게다가 평소에 먹는 잡채와 달리 윤기가 흘러 인상적이었다.

"윤기가 돌게 하고 맛도 좋게 하는 의외의 식재료를

하나 더 넣는데 그건 비밀이에요." 순녀 씨가 웃으면서 말했다. 잡채는 한국 가정 요리로 자주 등장한다. 그렇지만 한국에서도 그 비밀 식재료는 사용하지 않는데 순녀 씨가 수많은 시행착오를 거쳐 고안했다고 한다.

사실 그 비법을 귀띔해 주었지만 순녀 씨의 노력에 경의를 표해 여기에서는 밝히지 않으려고 한다. 한국요리에도 일본요리에도 사용하지 않는, 전혀 상상할 수 없는 검은색 식재료였다.

독학으로 익힌 요리로 쉰여덟에
요식업의 길로 뛰어들다

일본에 온 지 52년. 콩알 무늬 수건이 트레이드마크인 최순녀 씨가 밑간과 조리를 담당하는데 정말 손이 빨랐다. 놀랍게도 요리는 독학으로 익혔고 식당은 2004년에 남편인 김형만 씨가 예순, 순녀 씨가 쉰여덟일 때 시작했다. 남편은 회사 일로 일본에 부임해 정년까지 근무하고 은퇴했다.

"남편에게 부탁해 퇴직금으로 식당을 열게 해달라고 했어요. 친구들은 은퇴하면 편하게 지낼 나이인데 경험도 없는 음식점을 시작하다니 무슨 소리냐면서 반대했죠."

손주 어린이집을 등하원시키다가 전봇대에 붙어 있던 전단을 발견하고 미타(三田)에 있는 게이오나카마치도리상점가(慶応仲町通り商店街)에 식당 문을 열었다. 김형만 씨도 음식을 나르면서 홀을 담당하며 아내를 도왔다. 그렇게 약 20년이 흘렀다. 싸고 맛있는 한국시골가정요리 도코는 지역 주민은 물론 연예인, 한국 유명 아이돌, 배우까지 방문하는 유명 식당이 되었다.

식당을 하게 된 계기는 회사원이었던 남편이 동료를 데려온 날로 거슬러 올라간다. 순녀 씨는 그때마다 정성스럽게 한국 가정 요리를 대접했는데 다들 이구동성으로 말했다. "식당 하면 잘하시겠어요."

 요리 솜씨가 뛰어난 어머니 손에서 자라 순녀 씨도 요리 솜씨가 좋았다. 그런데 그 이상으로 사람들과 이야기하는 것을 좋아했다. '언젠가 손님과 대화를 나눌 수 있는 작은 식당을 했으면 좋겠다'고 몰래 꿈을 품었지만, 결혼 후에는 오로지 남편을 뒷바라지하며 아이를 키우는 데 여념이 없었다.

 남편에게 식당 이야기를 꺼냈을 때 해보라고 등을 밀어준 게 두 딸이었다. "아버지, 이번에는 엄마가 하고 싶은 일을 하라고 할 차례예요."

 그렇게 이국에서 육아와 집안일에 힘쓴 아내를 위해 김형만 씨가 발 벗고 나섰다. 그런데 막상 해보니 힘든 일이 한둘이 아니었다고 한다.

 "한국은 본래 본 요리가 한 대접 크게 나오고 반찬 수가 적어요. 그렇지만 일본 이자카야는 양을 조금씩 해서 다양한 메뉴를 내놓잖아요. 처음에는 된장찌개, 두부찌개, 김치찌개, 돼지고기덮밥 등 메뉴가 네 가지밖에 없어서 다른 요리는 더 없냐고 손님들이 자주 물어봤어요."

 손님이 적었지만 처음 문을 열었을 때부터 일주일에 서너 번씩 함께 밥을 먹으러 오던 네 명의 회사원이

있었다. 근처에 본사가 있는 기업의 직원들이었는데 그
사람들에게 어떤 음식이 먹고 싶은지 묻기도 하고 새로운
메뉴의 시식을 부탁하면서 연구를 거듭했다.

"그분들 덕분에 메뉴를 하나씩 늘려갈 수 있었어요.
벌써 6, 7년 전에 다들 정년퇴직했는데 지금도 한 달에 한
번 '도코회'라면서 식당에 와요."

순녀 씨는 가리지 않고 누구에게나 친근한 웃음을
보이며 말을 걸었다. 다른 나라 사람인데도 본가에 있는
어머니와 같은 따스함이 느껴졌다. 회사를 떠났지만,
이곳에서 모이고 싶어지는 마음도 알 것 같았다.

직접 만드는 깍두기, 김치 반찬은 계절에 따라
달라진다. 1인용의 커다란 냄비에 담겨 나오는 전통요리
삼계탕은 월요일에 먹을 수 있는 점심 메뉴로 밥과 깍두기,
나물이 곁들여져 1,200엔이다. 화요일 점심 메뉴는
잡채밥이나 된장찌개정식 등으로 대부분의 정식과 세트가
1,000엔이다. 찌개정식은 두부, 김치, 된장 등 세 가지
중에서 고를 수 있으며 보글보글 끓는 상태로 나온다.
그리고 역시 양이 아주 많다. "몸에 좋고 영향이 듬뿍 담긴
한국 가정 요리를 한 사람이라도 더 많은 일본인이 맛보게
하고 싶어요."

찹쌀가루로 만드는 납작한 떡이 들어가는 만둣국도
다른 식당에서 흔히 보기 어려운 메뉴다. 두부처럼 하얀
국물은 뒷맛이 깔끔한데 맛이 진하고 깊었다.

"우족 10킬로그램을 일주일 동안 보글보글 끓여서
우려낸 국물로 만들어요. 이게 정말 손이 많이 가죠. 밤에
불을 끄는 걸 잊어서 새까맣게 다 태운 적도 있어요.

매일 달라지는 오늘의 점심 메뉴인 잡채밥(왼쪽).
직접 만든 깍두기와 나물(위)이 함께 나온다. 지금은
한국에서도 분말을 사용하는 사람이 많다는 우족
국물. 도쿄에서는 일주일 동안 푹 고아 만든다.
콩알 무늬 수건이 트레이드마크인 최순녀 씨. 무슨
일이든 빠릿빠릿하게 척척해낸다.

한국시골가정요리 도코

지금은 한국에서도 대부분 분말로 된 맛국물을 사용해요."

올해 일흔다섯. 왜 이렇게까지 정성을 들여 만드느냐고 물으니 "그렇게 하지 않으면 제 손맛이 아니니까요."라는 대답이 돌아왔다. 돈을 벌기 위해서가 아니라 자기 요리를 사람들에게 기꺼이 대접하기 위해 식당을 하고 싶었던 사람이라서 나올 수 있는 말이다.

개점 당시에는 인건비가 매출보다 훨씬 많이 나오거나 속아서 엄청난 돈을 인테리어 비용으로 지불한 적도 있었다. 한국 요리에 익숙하지 않은 사람에게 "일단 무조건 잡숴 보세요. 맛없으면 돈은 안 받을 테니까." 하면서 조금씩 손님을 늘려갔다.

꿈은 여행을 가는 일이라고 한다.

"일본에 온 뒤로 한 번도 여행을 간 적이 없어요."

자신은 뒷전으로 미루고 얼마나 정신없이 낯선 나라에서 살아왔는지 알 수 있는 답이었다.

시바 5-26-2

도시마구의 숨겨진 보물, 반역의 오므라이스 카레

키친 ABC(キッチンABC)

단골로 가는 바에 무라타(ムラタ) 씨라는 민폐 손님이 있다. 주방 기구 제조, 설계시공, 판매라는 직업 특성상 매일 음식점을 돌아다니며 연극으로 치면 무대 뒤인 주방이라는 공간을 보기 때문에 정성스럽게 음식을 만드는 식당을 꿰뚫고 있었다. 이 사람이 심야의 바에 와서 점심밥 이야기를 하면 그게 이상하게 맛있게 들려 참 난감했다. "그 식당의 가쓰카레는 단연코 1등! 그렇게 두툼하고 바삭바삭한 돈가스는 본 적이 없다니까요." "거기 돼지고기생강구이는 마늘이 최고예요." 이런 이야기를 들을 때마다 나는 주변에 들리지 않도록 눈치를 보면서 침을 꿀꺽 삼켜야 하니 아주 고역이다.

그런 민폐 손님 무라타 씨가 강력히 추천하는 음식이 키친 ABC의 오리엔털라이스(オリエンタルライス)다. 이케부쿠로 주민들에게 옛날부터 사랑받는 곳이다, 정식이라고 하면 이곳을 빼놓을 수 없다, 무조건 가봐야 한다, 엄청나게 맛있는 곳이라면서 그 식당은 오므라이스 카레도 참 맛있는데, 하고 중얼거렸다.

누구나 좋아하는 양식, 총출동

키친 ABC는 이케부쿠로 히가시구치점(池袋東口), 니시이케부쿠로점(西池袋店), 미나미오쓰카점(南大塚店),

에코다점(江古田店)이 있다. 나는 미나미오쓰카점으로 갔다. 식당은 도쿄도에서 관리하는 도영주택 1층에 자리하고 있었다. 가게 이름을 한 자 한 자 본뜬 번쩍이는 전구 간판이 멀리에서도 눈에 들어왔다.

식당 내부로 들어서자 벽도 테이블도 다 하얀 색이었다. 식당의 명물을 설명하는 아시아계 여성 종업원은 싱글싱글 웃으며 상냥했고 그 모습을 지켜보는 오픈 키친의 셰프들 눈빛도 뭔가 따스했다. 메뉴를 고르는 데 고민하자 "검은 카레가 인기 있어요. 저도 좋아하고요. 그렇지만 처음 오셨다면 역시 오리엔털라이스 드셔 보세요. 인기 있어요." 정해진 매뉴얼 없이 손님을 응대하는 모습이 인상적이었다.

조금 있다가 나온 오리엔털라이스는 지금까지 본 적이 있는 듯하면서도 없는 요리였다. 밥 위에 돼지고기, 부추, 양파 등 매콤달콤하게 볶은 재료가 올라가 있었고 한가운데에는 보름달 같은 노른자가 놓여 있었다.

돼지고기를 넣은 된장국인 돈지루(豚汁)가 함께 나와서 먼저 한 입 먹었다. 그런데 먹고 깜짝 놀랐다. 내가 아는 모든 돈지루 중 단연 1위로 꼽을 정도로 맛있었다. 돼지비계가 들어가 포만감도 있었다. 잘게 썬 유부, 우엉, 무, 당근, 표고버섯, 두부, 파 등 여러 식재료가 한꺼번에 입안으로 쏟아져 들어왔다.

다음으로 주인공인 오리엔털라이스를 먹었다. 돼지고기와 양파 슬라이스가 마늘 풍미 가득한 돼지고기구이 풍의 진한 소스에 감싸여 있었다. 거기에 큼직하게 자른 부추의 중화풍 향기와 부드러운 노른자가

더해져 역시 다른 곳에서는 흔히 접하기 어려운
맛을 연출했다. 그야말로 원기를 회복하는 데 최고인
음식이었다. 접시에서부터 기운이 흘러넘쳤다.

다른 날에는 새까만 소스의 바다에 푹 잠긴
오므라이스 카레, 일명 오므카레를 먹었다. 숟가락을
말랑말랑하고 노란 달걀에 푹 집어넣자 안에서
치킨라이스도 케첩라이스도 아닌, 무수분 카레인 드라이
카레가 맞아 주었다. 오므라이스와 검은 카레와 드라이
카레. 뭐야, 정말 누구나 좋아하는 양식이 전부 들어
있잖아. 이런 메뉴를 생각한 사람, 진짜 머리 좋은데.

옥수수와 머시룸이 들어간 드라이카레는 단품으로
먹어도 충분히 맛있을 만큼 맛에 개성이 있었다. 양파를
갈아 넣은 부드러운 수제 드레싱이 한가득 곁들여 나오는
양배추와 잘 어울렸다.

오리엔털라이스는 850엔. 오므카레는 950엔. 1969년
창업. 있을 것 같으면서 없었던 오리지널을 추구하는 도전
정신. 이 모든 것이 도시마구 지역의 숨겨진 보물이 아니고
무엇이겠는가?

돈도 투자하고 잔소리도 심한 요리사 겸 경영자

사장인 이나다 요시오(稲田義雄) 씨는 기운이 넘치는
데다가 하는 말마다 다 설득력이 있는 경영자다. 식당은
투자가인 아버지가 시작해 물려받았다. 자금은 투자해도
손을 대거나 참견하지 않았던 아버지와 달리, 요시오 씨는
대학교를 졸업한 뒤 호텔 레스토랑에서 경험을 쌓은 다음,

매콤달콤한 비법 소스로 삼겹살을 볶아서
올리는 오리엔털라이스는 돈지루가
곁들여 나와 850엔이다(오른쪽). 매일
달라지는 오늘의 정식도 양이 많고
화려한데 이날은 달걀프라이가 올라간
돈가스와 탄두리치킨정식이었다. 요리사,
아르바이트 직원과 함께 찍은 사진의
오른쪽 끝이 이나다 씨다(153쪽).

자기 식당의 주방에서 요리사로서 쉰 살까지 26년 동안 일했다.

"그만두고 싶다든지 대우에 불만을 표하는 요리사에게 아무 말도 하지 못하던 아버지를 중학생 때부터 쭉 보아 왔어요. 그래서 저는 식당에서 요리하면서 할 말은 하는 경영자가 되자고 마음먹었습니다."

요리사 겸 식당 주인 겸 사장이라니 역시 설득력이 있다.

현재 이케부쿠로에 있는 두 곳의 식당은 오후 3시 반에 일단 문을 닫는다. 그렇게 하지 않으면 손님이 끊임없이 들어와 직원들이 쉴 수 없기 때문이다. 이런 이야기를 들으면 상상이 잘 안되지만, 옛날에는 별로 인기가 없었다고 한다.

창업 당시에 식당은 오쓰카(大塚), 가나메초(要町) 등 이케부쿠로 중심에서 벗어나 있었다. 아버지는 경주마나 투기심이 강한 장사에 푹 빠져 있었고, 맛에 대해서는 잘 몰랐다.

스물네 살부터 식당에서 일한 이나다 씨는 먼저 오리엔털라이스를 고안했다.

"일을 마치고 식당 요리사 동료들과 근처 라멘집에 들렀는데 라멘 위에 돼지고기와 부추를 볶은 게 올라가 있더라고요. 건더기는 엄청나게 맛있었는데 라멘과는 잘 어울리지 않았죠. 이거 흰밥이 더 잘 어울리겠다고 같이 이야기 나누었던 게 계기가 되었어요."

오리엔털이라는 이름은 요리사전에서 본 적이 있었는데 괜찮을 듯해 정했다고 한다.

"동양적이라는 의미가 있고 부추와 마늘이 들어가니까 적당하지 않을까 싶었죠."

한편 오므카레는 이나다 씨의 요리사 경험을 살려 탄생한 메뉴다.

"호텔 레스토랑에서 근무할 당시, 오므라이스는 한 사람이 프라이팬 앞에 계속 붙들려 있어야 하니 꺼리는 메뉴라는 걸 알았어요. 냄비도 두 개 사용해야 하고요. 점심시간에 오므라이스를 만들면 주방이 순조롭게 잘 돌아가지 않았죠."

그렇다면 우리 식당에서 해야겠다고 결심했다. 입지가 안 좋은 작은 식당이 큰 식당을 이기려면 개성, 맛, 양, 가격 등 이 네 가지를 모두 충족해야만 지속할 수 있다고 생각한 것이다.

그렇지만 오므라이스 안에 어떤 밥을 넣어야 할지 도무지 정할 수 없었다. 치킨라이스, 케첩라이스, 갈릭라이스 모두 개성이 없었다. 당시 다른 식당에서 검은색 카레가 나오는 가쓰카레가 화제가 되었다. 이나다 씨도 줄을 서서 먹어 보았지만, 하얀 밥에 검은 카레가 뭔가 장례식 같다고 생각했다.

이나다 씨는 그림을 좋아해 색채에 민감하다. 그 독특한 위화감이 스테디셀러를 만드는 원동력이 되었다. 자기가 만든다면 밥은 노란색으로 해야겠다고 다짐했다. 그런데 사프란라이스는 가격이 비싼 데 비해 맛에 변화가 없었다. 버터라이스도 약했다. 그렇게 고심하다가 드디어 아이디어가 떠올랐다.

"독은 독으로 제압하자. 카레에는 카레다! 밥도

드라이카레로 한 다음에 검은색 카레를 붓자."

여기에서 또 한 번 살짝 틀어서, 드라이카레를 오므라이스로 감싸기로 했다.

이렇게 해서 30년 전 드라이카레를 달걀로 감싼 오므라이스에 검은색 카레를 부은 노란색과 검은색의 오므카레가 탄생했다. 참고로 검은 카레 레시피는 기업 비밀이라고 한다. 도코(137쪽)의 잡채도 그랬지만, 요리사는 검은색 식재료를 꼭 비밀로 하고 싶어 한다. 아무래도 검은색과 수수께끼는 궁합이 좋나 보다. 수수께끼의 비밀은 음식을 즐기면서 자신의 미각으로 직접 찾아보기를 바란다.

오므카레가 폭발적인 인기를 끌게 된 계기는 아이돌 방송 덕분이었다. 그런데 이 일이 나중에 슬픔과 기쁨, 둘 다 안겨 주었다.

그만두겠습니다

텔레비전에서 아이돌과 함께 출연한 고급 일본요리 요리사 미치바 로쿠사부로(道場六三郎) 씨가 오므카레를 한입 가득 먹으며 이야기했다.

"이건 내 요리와 같습니다. 도전하고 있습니다. 요리의 반역이네요."

아주 기뻤다고 이나다 씨는 회상하며 말했다. "미치바 로쿠사부로 씨의 요리는 제가 그야말로 우러러보며 목표로 삼던 요리였으니까요."

고급 일본요리 요리사는 당시 800엔의 오므카레를

과장 없이 평가했다. 그것이 마음을 울렸다. 그런데
여기에서부터 비극이 시작되었다.

남성 톱 아이돌이 왔다는 사실 하나로, 그다음 날부터
식당에 손님이 물밀듯이 밀려왔다. 한입 먹으면 얼마나
맛있는지 아는 데다가 가격도 쌌기 때문에 한 번 온 손님이
또 왔다. 매일 200명씩 줄을 섰고 몇 달이 지나도 상황은
달라지지 않았다.

어느 날 이나다 씨에게 요리사가 "여기 한 번 보세요."
하고 손을 내밀었다. 프라이팬을 잡는 위치에 굳은살이
생겨 있었다.

오므카레가 아니어도 오므라이스는 손이 많이 간다.
밥을 볶아서 만드는 드라이카레도 웍을 사용해야 한다.
매일 오므카레만 끊임없이 만드니 셰프의 일이 즐거울
리가 없었다. 눈에서 총기를 잃은 요리사들이 줄을 이어
말했다. "그만두겠습니다."

이나다 씨가 혹시 몰라 먹어보니 밥은 덩어리가
졌고 질었다. 너무 바쁘다 보니 달걀로 감싸면 모르겠지
하면서 만들었을 거라고 쉽게 상상이 되어 충격을 받았다.
무엇보다 견딜 수 없었던 것은 억지로 만드는 셰프의
표정이었다.

이후 집에서 드라이카레를 여러 차례 시험 삼아
만들었다. 들이는 품과 시간을 줄이고 요리사들도
기꺼이 주방에서 일하며 맛있는 오므카레를 만들기 위해
영양밥처럼 솥으로 밥을 짓자고 고안했다. 이렇게 하면
밥을 미리 지어 놓을 수 있고, 맛에도 손색이 없으며
요리사들의 노동 강도도 줄일 수 있다. 그러면서 오늘의

점심 정식 등 다른 메뉴에 몰두하면 매너리즘을 해소할 수 있겠다고 판단한 것이다.

그 결과 현재 니시이케부쿠로점의 요리사는 근속 25년을 맞았다. 미나미오쓰카점의 요리사는 이나다 씨의 어릴 적 친구가 맡고 있다. 처음 이 식당에 왔을 때 응대한 틴(ティン) 씨라는 아르바이트 직원은 21년째 근무한다. 마짱, 틴짱이라고 서로를 애칭으로 부르는 가족적인 분위기는 하루아침에 만들 수 있는 게 아니다.

그런데 이나다 씨는 어느 날 미술관에 우연히 들렀다가 재확인한 점이 있다고 한다. 당시 미술관에는 눈 속에 핀 겨울 동백꽃 작품 수상작이 여러 점 전시되어 있었다. 가작과 입상이 뭐가 다를까 싶어 유심히 보다가 대상을 받은 그림에서 겨울의 한기를 느꼈다.

"아, 그림에서도 온도가 느껴지는구나."

음식도 기운이 솟으면서 먹음직스러워 보이는 색감이 분명 있다. 가령 오리엔털라이스의 보름달과 같은 노른자처럼. 검은 카레에 떠오른 노란색 오므라이스처럼.

"요리도 색감이 아주 중요해요."

지금도 오므카레는 꾸준히 진화하고 있다. 명물 요리지만, 이걸로 '완성'이 아니다. 정식집으로 유명한 식당일수록 시대와 사람들의 입맛에 맞추어 맛을 계속 갈고 닦는다. 이는 정식이 소시민들의 일상생활에 뿌리내린 음식이기 때문일지 모른다.

최근에도 이나다 씨의 도전 정신이 된장국을 바꾸었다.

정식에서 가장 먼저 손님 입에 들어가는 음식은 된장국

"테이블에 정식이 놓이면 사람들은 무의식적으로 먼저 눈으로 음식을 살펴 금액과 맞는지 순식간에 판단합니다. 그때 상상 이상이면 미소가 번지죠. 다음으로 된장국을 한입 맛봅니다. 이때 생각했던 것보다 맛있으면 감동해요. 정식에서 손님이 가장 먼저 먹는 음식이 된장국입니다. 5년 전까지는 미역국 등 아무 생각 없이 매일 다르게 내놓았는데 돼지고기가 들어가는 된장국인 돈지루만 신경 써서 내놓기로 했습니다." 이나다 씨는 말했다.

사람들이 갈수록 건강을 챙기면서 간을 싱겁게 하거나 해산물이 들어가는 국이 인기를 끌었지만, 이나다 씨는 감칠맛과 깊은 맛을 분명하게 느낄 수 있는 국물을 내놓자고 생각해 정육점에서 돈지루 전용으로 돼지비계를 갈아서 들여온다. 건더기는 유부와 두부 말고도 채소가 다섯 가지 들어간다. 이렇게 정성을 들여 만드니 내 돈지루 제1위가 될 수밖에 없었던 거였다.

당연히 돈지루에 드는 재료비가 올라갔다. 이 업태에서는 재료비가 조금만 상승해도 매출에 직접적으로 영향을 미친다. 그렇지만 이 놀라운 첫 한입이 나중에 손님으로 다시 이어진다. 처음에 먹었을 때 나도 감동해 저절로 돈지루 재료를 스마트폰에 메모했다. 정식집에서 내놓는 된장국이 얼마나 존재감이 크고 중요한지 새삼 깨달았다.

나아가 이나다 씨는 최근에 쌀을 모두 국산

고시히카리로 교체했다.

"매출 총이익은 줄었습니다. 그렇지만 길게 보았을 때 반드시 이렇게 하는 편이 낫습니다. 쌀의 좋고 나쁨은 밥을 보온했을 때 단번에 알게 되니까요."

돈지루도 밥도 재룟값이 더 들어가게 되었지만, 다른 곳에서 융통성 있게 조절해 가격은 그대로다. 맛의 진화와 도전에 끝이 없는 듯했다. 그렇다면 식당을 경영하면서 절대로 바꿀 수 없는 부분은 무엇일까?

"인색하게 굴지 않을 것, 머리가 기억하는 요리를 내놓을 것, 이 둘뿐입니다."

한 번 맛보면 머리에 각인되어 절대로 잊을 수 없을 만큼 개성 있고 인상에 남는 정식을 만든다. 간이 좀 세다고 불만을 토로하는 손님이 있다면 이게 우리 식당의 맛이라고 딱 잘라 말하라고 요리사들에게 당부한다.

키친 ABC를 보고 있으면 일본의 정식집은 아직 괜찮다고, 걱정할 필요가 없다고 가슴을 쓸어내리게 된다.

안심하고 오쓰카(大塚)의 언덕길을 내려오면서 마음속에서 무라타 씨에게 감사의 말을 전했다. 도전을 멈추지 않는 듬직한 정식집의 기수를 소개해 주어서 고맙습니다.

미나미오쓰카 2-36-1

폐업 직전에 일어난 작은 식당의 드라마

기사라기테이(きさらぎ亭)

기사라기테이의 치킨가스정식을 한 번 먹으면 전쟁 전, 전쟁 후처럼 기사라기 전, 기사라기 후로 내 안에서 구분짓게 된다. 육질, 맛, 부드러움, 손바닥보다 큰 크기, 가격. 모든 면에서 만점이기 때문에 정식에 대한 기준치가 단번에 높아져 다른 식당의 정식으로는 만족할 수 없게 된다는 난감한 부작용이 생긴다. 또한 접시에 한가득 나오는 양배추채는 신기할 정도로 식감이 부드러워 노릇하게 구워진 치킨가스를 마지막까지 질리지 않고 먹을 수 있게 한다.

사쿠라신마치(桜新町)에서 40년 동안 운영해온 이 식당을 나는 특이한 경로로 알게 되었다. 노후화로 인한 재건축으로 퇴거를 통보받은 가게의 이전 비용을 모금하는 크라우드 펀딩 사이트에서였다.

식당 주인의 딸이자 종업원인 요코야마 아카네(横山茜) 씨는 당시의 심경을 이렇게 말한다.

"노후화 관련된 이야기는 몇 년 전부터 들었는데 갑자기 한 달 후에 나가라고 해서 완전히 낙담한 상태였죠. 한 달이라니 너무 갑작스럽잖아요. 게다가 이전 비용도 없었고요. 저는 고령의 부모님을 대신해 나중에 식당을 물려받으려고 다섯 살인 아들과 남편과 셋이서 오사카에서 상경해 아직 3년이 채 안 된 무렵이었어요. 요리도, 일하는 방식도 이제 막 배워가던 시점이었기 때문에 상경한 의미조차 잃어버렸죠."

식당을 그만하려고 생각했던 일가에게 크라우드 펀딩을 제안한 이는 각본가를 생업으로 하면서 인터넷의 생태를 잘 아는 아카네 씨의 남편이었다.

사이트에는 다음과 같은 글이 쓰여 있었다.

〈입주해 있는 건물의 노후화로 갑자기 1주일 후인 10월 25일 15시에 퇴거가 결정되었습니다. 하지만 40년 동안 함께 걸어온 사쿠라신마치에서 식당을 이어가고 싶다는 마음에 같은 동네로 이전해 영업을 재개하고 싶습니다. 갑작스러운 퇴거 통보에 아무런 준비도 되어 있지 않습니다. 앞으로도 사쿠라신마치에서 식당을 이어가고자 이전 비용 일부를 충당하기 위해 여러분의 도움이 절실히 필요합니다. (기사라기테이)〉

이전 비용은 800만 엔. 자력으로 마련하고도 부족한 80만 엔이 목표액이었다.

정식집이 크라우드 펀딩? 앞으로 일주일? 나는 조마조마한 마음으로 사이트를 매일 드나들며 지켜보았다.

미래가 보이지 않았다

"주변에는 새로운 가게가 점점 늘어나고 있었어요. 땅값도 비싸고 애초에 정식집은 시대에 맞지 않는 장사이니 퇴거를 계기로 그만둘 수밖에 없겠다 싶어 반은 포기한 상태였죠." 아카네 씨의 어머니로 예순여덟 살인 고야마 리쓰(小山律) 씨가 말했다. 꽉 묶은 파란 삼각형 머릿수건이 잘 어울리는 리쓰 씨는 기운이 넘치고 명랑해 젊은 아르바이트 직원들에게는 어머니와 같았으며, 기사라기테이의 상징이었다. 리쓰 씨는 여든하나인 남편 리키 씨와 함께 세타가야 사쿠라신마치역 도보 5분 거리의 번화가에서 식당을 꾸려 왔다. 식당 이름은 부부가 태어난 달인 음력 2월을 칭하는 기사라기에서 유래했다. 패밀리 레스토랑이나 패스트푸드 등 대형 음식 체인점이 즐비한 역 앞 대로변에서 가족이 경영하는 아주 소중한 개인 식당이다. 근처에 있는 일본체육대학교(日本体育大学), 도쿄농업대학교(東京農業大学), 고마자와대학교(駒澤大学)에서 이 식당의 치킨가스를 모르는 학생은 거의 없을 것이다.

과거에 리쓰 씨는 마작 가게를 경영했다. 그런데 아카네 씨가 2살이 되었을 때 환경이 안 좋은 이 장사를 계속하면 딸이 안쓰러워 안 되겠다는 생각에 새로운 길을 걷기로 마음먹었다. 지금이야 사쿠라신마치가 주택가가 되어 고급 맨션이 즐비하지만, 당시에는 도메이고속도로의 종점으로 트럭 운전사가 많이 살았고, 일대가 공업 지대여서 주택설비기기 회사나 인쇄소에서 일하는 노동자들의 동네이기도 했다. 현재는 밤 10시에 식당 문을 닫지만, 당시에는 오전 11시부터 다음 날 새벽 4시까지 영업했다. 손님이 끊이지 않아 억척스럽게 일했다.

오사카 출신인 아카네 씨 남편이 결혼 전에 이 식당을 처음 방문했을 때 "싸고 맛있어서 다양한 연령층의 손님이 왔어요. 부모님은 단 한 순간도 쉬지 않고 부지런히 일했죠. 이런 옛날식 가게가 도쿄에 아직 있었구나 싶었어요." 하고 놀랐다고 한다. 그리고 그는 이 식당이 그 어느 곳과도 바꿀 수 없는 소중한 곳이라는 사실을 시간이 흐를수록 절실하게 깨달았다.

인근의 다른 동네에는 이곳보다 음식점이 훨씬 많으니 이전한다면 정식집이 없는 사쿠라신마치에서 해야지 안 그러면 의미가 없다고 생각했다. 장인어른, 장모님도 40년 동안 정을 붙이고 살아온 이 동네 말고 다른 곳에서 영업하기는 어려울 듯했다. 그러다 운 좋게 지금 식당에서 3분 거리에 있는 같은 대로변에 자리가 나왔다. 그런데 면적은 지금의 반밖에 안 되는 데다가 철거, 개보수, 이전 비용을 아무리 긁어모아도 부족했다.

"크라우드 펀딩으로 정식집 이전과 같은 프로젝트를 한다는 이야기는 들어본 적이 없었지만, 도전해볼 가치가 있겠다고 판단했습니다. 그렇지만 필요한 금액을 제시해야 하니 너무 노골적이기도 했고, 저처럼 전혀 관련 없는 사람이 가족 일에 참견해도 될지 조심스러워서 주저하는 마음도 있었죠."

장인어른, 장모님이 소중하게 키워온 가게를 지키기 위해, 학생 시절부터 살아왔던 익숙한 오사카를 떠나 30대에 다시 도쿄로 돌아온 아내를 위해서였다. 그리고 부지런하게 일하는 이 가족의 삶의 의미도 가슴 저리게 잘 알고 있었다. 그런 곳을 느닷없이 날아온 빌딩 재건축 이야기로 사라지게 하는 일을 그저 보고만 있을 수 없었.

기한은 한 달. 더 이상 물러날 곳이 없었다.

"지푸라기라도 잡는 심경이었어요. 안 되더라도 어쩔 수 없다, 그래도 할 수 있는 데까지 해보자는 마음이었죠." 그렇게 아카네 씨 남편은 크라우드 펀딩 이야기를 가족에게 꺼냈다. 우려했던 대로 아카네 씨, 리쓰 씨, 리키 씨는 회의적이었다.

"겨우 이런 식당을 돕겠다고 후원할 사람이 어디 있겠어요." "아무리 동네에서 쭉 장사해 왔다고 해도 우리 식당은 대부분 혼자 와서 밥만 먹고 바로 나가는 정식집이에요. 손님과 이야기할 시간도 없죠. 그러니 지금까지 소통이 전혀 없었고 실은 식당 폐업을 어떻게 생각하는지 손님에게 물어본 적도 없었어요. 협력해 주리라고는 전혀 생각할 수 없었죠." 리키 씨와 아카네 씨가 차례로 말했다.

그렇다고 뾰족한 방법이 있는 것도 아니었고 사위가 그렇게까지 생각해 주었으니 일단 해보는 데까지 해보자며 전혀 기대하지 않는 도전을 젊은 부부에게 맡겼다.

아카네 씨 남편은 바로 크라우드 펀딩 운영회사에 연락해 알아보았다. 신청에서 심사, 인터넷 게재까지 몇 주가 걸리기도 하는데 그러면 기간에 맞출 수 없었다. 일단 식당 문을 닫은 뒤 하루라도 빨리 새로운 곳으로 이전하지 않으면 월세 비용도 더 들게 된다. 손님을 위해서라도 빨리 다시 문을 열고 싶었다.

말 그대로 10월 1일에 신청해서 폐점하는 10월 25일까지 한 달도 안 남은 상황이었다. 그런데 여기에는 그 누구도 상상하지 못할 드라마가 기다리고 있었다.

학생이나 회사원 등 혼자 사는 손님이 많이
오다 보니 '채소는 아낌없이'가 신조다.
아르바이트 직원은 네다섯 명이 있다.
스텝밀은 좋아하는 메뉴를 직접 만들어
먹는 것이 원칙이다. 주방에서 음식을 담는
리키 씨와 리쓰 씨(왼쪽 위). 170쪽은 딸
아카네 씨와 부모님.

제 인생 1위인 치킨가스를 또 먹고 싶습니다

프로젝트 이름은 〈사쿠라신마치에서 40년 동안 사랑받아온 식당 '기사라기테이'를 동네에 남기고 싶다!〉로 했다. 펀딩 참여자에게 돌아갈 리워드는 3,000엔을 후원하면 '식권 1장, 감사의 편지, 펀딩 참여자의 이름이 들어간 오리지널 이름표'를, 1만 엔을 후원하면 3,000엔 리워드에 더해 '식권 2장, 이전한 식당 안에 서포터로서 이름 기재'가 추가되었다.

멀리에서 사이트를 관찰하던 무렵, 나는 솔직히 리워드가 너무 소박하다고 생각했다. 그러고 나서 일주일 사이에 전혀 예상하지 못한 깜짝 놀랄 일이 연이어 일어났다고 아카네 씨는 말했다.

먼저 10월 초 운영회사에 신청 메일을 넣자 바로 한 여성으로부터 연락이 왔다.

"저기, 기사라기테이인가요? 저, 가본 적 있어요! 싸고 진짜 맛있었어요. 동네에 뿌리내린 좋은 식당인데 문을 닫는다니 정말 아쉬워요."

그 여성의 노력으로 신청한 지 며칠 만에 엄청나게 빨리 사이트에 게재되었다.

같은 달 18일에 식당에는 후원을 부탁하는 종이를 붙였다. "가게에 금액이 적힌 크라우드 펀딩 광고물을 붙이는 게 내키지 않았지만, 알리지 않으면 아무도 모르잖아요. 염치없었지만 마음을 굳게 먹고 붙였습니다." 아카네 씨는 말했다.

그러자 계산대에서 계산할 때 손님이 말을 걸었다.

"다시 문 여는 날을 기다리고 있을게요!"

깜짝 놀랐다고 한다. 후원을 부탁하는 염치없는 전단을 외면하기는커녕 오히려 손님이 힘을 북돋아 주었다. 대화다운 대화라고는 나눈 적이 없고 얼굴만 아는 사람들인데 말이다.

"힘내세요."

"어디로 들어가면 후원할 수 있어요?"

손님들이 계산하면서 끊임없이 말을 걸었다.

"혼자 오는 손님이 많으니까 그때 처음으로 주문할 때 말고 목소리를 들었어요. 어찌나 기쁘던지요." 아카네 씨는 말했다.

인터넷을 통해 3,000엔, 1만 엔의 후원금이 계속해서 모였다. 개중에는 3만 엔, 5만 엔, 10만 엔을 내는 사람도 있었다. 일주일 후 '프로젝트 종료'라는 안내가 올라왔다.

'영업 종료일인 10월 25일에 따뜻한 응원과 함께 목표 금액을 달성했습니다!'

겨우 일주일 만에 목표 금액인 80만 엔을 달성한 것이다. 사이트에 달린 응원 메시지를 소개하고자 한다.

'대학생 때 기사라기테이에 자주 갔습니다. 늘 갈 때마다 따뜻하고 맛있는 밥을 먹으며 기운을 얻었어요. 앞으로도 학생 시절 추억의 동네인 사쿠라신마치에서 영업을 계속하셨으면 좋겠습니다. 응원합니다!'

'사쿠라신마치의 명소라고 생각합니다. 힘내세요!'

'26년이라는 세월이 흘러도 변하지 않는 가게, 사람, 맛, 분위기, 온기. 감개무량했습니다. 다시 가족과 함께 밥 먹으러 가겠습니다.'

'말린무절임을 메뉴에서 빼지 말아 주세요!
부탁합니다.'

'요코하마에서 늘 밥을 먹으러 갔어요. 꼭 다시 문을 열어 제 인생 통틀어서 가장 맛있는 치킨가스를 또 먹게 해주세요.'

'이 동네에서 가장 좋아하는 가게예요. 기사라기테이는 사쿠라신마치 주민의 보물입니다. 식당을 재개하는 데 도움이 필요하다면 기꺼이 하겠습니다. 작은 힘이지만 응원하겠습니다.'

'사쿠라신마치에서 하숙하는 대학생 아들과 함께 식당에 가는 게 낙이었어요. 소복하게 담긴 밥을 먹는 아들을 보고 저도 힘을 내야겠다고 다짐하며 오사카로 돌아가곤 했습니다. 지금은 차남이 사쿠라신마치에서 하숙해요. 셋이 갈 날을 기다리겠습니다!'

이름을 공개한 사람도 있었고, 익명 혹은 닉네임으로 쓴 사람도 있었다. 얼굴이 보이지 않는 신원 불명의 사람들이 보내는 따뜻한 글에 아무런 관련도 없는 나까지 가슴이 뜨거워졌다. "손님들은 그저 묵묵히 밥을 먹고, 우리도 바쁘게 일하니까 평소에 손님과의 교류가 없었어요." 하고 아카네 씨가 말하던 기사라기테이는 이렇게나 많은 사람의 식사를 책임지고 사랑받고 있었다.

사이트에 올라와 있지 않은 후원자의 이야기를 어머니인 리쓰 씨가 알려 주었다.

"20년, 30년 전에 아르바이트했던 학생이 도호쿠는 물론이고 전국에서 후원하거나, 가족을 데리고 찾아왔어요. 어머니, 30년 전에 신세 많이 졌습니다,

꼭 다시 문 열어 달라고 하는데 어찌나 기쁘던지요. 그 아이들이 양도 맛도 그때와 똑같다고 해준 말도 잊을 수 없어요."

참고로 옛날부터 리쓰 씨는 아르바이트하는 젊은이들 모두에게 스텝밀은 식당 메뉴에서 좋아하는 음식을 골라 스스로 만들어 먹도록 했다.

"모처럼 식당에서 일하니까 남자아이들도 요리를 조금은 몸에 익혔으면 좋겠다 싶더라고요. 그러면 여기를 그만둬도 밥은 직접 해먹을 수 있잖아요."

이곳을 찾아온 옛날 아르바이트 학생이라면 지금은 어엿한 아저씨가 되었을 텐데 리쓰 씨는 단번에 알아보았다고 한다.

"얼굴 보면 바로 다 알죠. 아, 그 학생이구나, 하고. 다들 옛날 모습 그대로더라고요."

전국 방방곡곡에서 날아온 보답의 씨앗은 20년, 30년 동안 리쓰 씨와 리키 씨가 뿌린 것이었다.

예상외의 속도로 목표 금액을 달성했기 때문에 여기에서 한 달 더 펀딩을 연장해 후원을 부탁했다. 이전할 매장은 부지도 좁아 기존에 사용하던 주방기기 대부분을 다시 구입해야 했기 때문이었다. 결과 후원자수 189명, 197만 7,000엔이 모였다. 예상했던 금액의 2.5배였다.

아버지와 어머니의 40년

치킨가스에 산처럼 쌓여 함께 나가는 양배추채에는 리키 씨의 강한 신념이 담겨 있다. 영양이 부족하기 쉬운 젊은

사람이나 도시 사람들이 채소를 많이 섭취하기를 바랐다. 그래서 채소 가격이 아무리 올라도 양을 줄이지 않는다. 게다가 기계도 사용하지 않고 일일이 다 직접 손질한다.

"시간이나 들이는 품을 생각하면 솔직히 기계로 하고 싶죠. 그렇지만 손으로 직접 채 썰면 확실히 맛도 식감도 다르더라고요. 이건 저도 다른 식당에서 먹어보고 깨달았어요." 아카네 씨가 말했다.

그 부드러운 식감은 수작업을 마다하지 않는 수고에서 탄생한 것이었다. 치킨가스에 뿌리는 소스나 샐러드드레싱도 모두 직접 만든다. 이렇게 40년 동안 변함없는 맛이라면 더 알려도 되지 않을까 싶었는데 아카네 씨는 고개를 저었다.

"식당의 역사나 전부 수제로 만든다는 점은 이제 와서 내세울 만한 일도 아니죠. 그저 성실하고 정직하게 같은 일을 꾸준히 해온 것뿐이에요. 근처에 있는 일본체육대학교에 불이 나 학생들의 발길이 뚝 끊기거나 리먼브라더스사태가 일어나는 등 몇 번이나 문 닫을 위기가 있었지만, 아버지와 어머니가 지켜온 이 식당을 저는 아무것도 바꾸지 않고 계속해 가고 싶어요."

아카네 씨가 어렸을 때 늘 어머니는 저녁에 집에 돌아와 기진맥진한 채로 누워 있었다.

"아니, 어떻게 저렇게까지 될 정도로 일하지." 하고 혀를 내둘렀지만, "지금은 제가 그래요."라고 말했다. "우리 가족은 가만히 있는 걸 싫어해요. 계속 일하고 싶어 하는 사람들이죠." 하고 아카네 씨의 남편이 표현했다.

자신이 나선 게 잘한 일인지 지금도 답을 모르겠다는

남편의 상냥함과 아내의 끈질긴 성격이 없었다면 지금의 기사라기테이는 존재하지 않을 것이다. 이렇게 말하자 그렇지 않다면서 아카네 씨가 겸손하게 정정했다.

사쿠라신마치 1-40-10

"아버지와 어머니의 40년이 있었기 때문에 지금이 있어요. 손님들이 저희를 많이 도와주었다는 사실을 알고 새삼 더 그렇게 생각했죠. 그런 세월이 없었다면 이전은 꿈도 못 꾸었어요. 제가 했으면 이렇게까지는 못 했죠."

이전하면서 식당은 면적이 반으로 줄고 좌석도 열여덟 석이 되었기 때문에 그 시점에 맞추어 모두가 리키 씨를 겨우 설득해 전 메뉴의 가격을 드디어 올렸다. 리키 씨는 가격 인상 문제를 두고 "우리 식당은 레스토랑이 아니야. 일주일에 다섯 번 오는 사람이 지갑 사정 생각하지 않고 먹을 수 있는 가격으로 해야지."라면서 좀처럼 허락하지 않았다고 한다.

"오, 그래서 얼마 올렸어요?"

"10엔이요."

[그 후의 이야기]
2018년 5월 기사라기테이를 취재한 뒤 리키 씨가 타계해 지금은 남은 가족끼리 영업을 이어간다. 가격에 관해서는 "이제는 식재료 가격이 너무 많이 올라 어쩔 수 없이 다시 가격을 올렸어요."라고 정중하게 연락을 해주었다.

식재료와 조미료에 신경 쓴 메뉴가 300개, 반찬은 이익에서 제외?

대중일본요리 아지토메(大衆割烹 味とめ)

노리는 것은 아니지만, 싸고 맛있고 가족이 경영하는 따스한 분위기라서 끌리는 식당은 높은 확률로 예능 방송《돈네루즈 여러분 덕분이었습니다》에서 방문한 가게에 증정하는 '왔네슐랭' 인형이 구석에 있다. 트로피를 대신하는 작은 피규어다. 여든셋의 주인 쓰지 교코(辻教子) 씨는 "희극 배우 기나시 노리타케(木梨憲武) 씨가 정어리 경단을 아주 맛있다면서 먹었어요. 사인도 해주었고요."라고 말했다. 평론가 고 쓰보우치 유조(坪内祐三), 배우 후루타 아라타(古田新太), 그래픽 디자이너 오타 가즈히코(太田和彦) 씨 등 교코 씨의 입에서 이 식당을 방문한 사람들의 이름이 줄줄이 나왔다.

산겐자야 스즈란도리(すずらん通り)에서 52년째 영업 중인 아지토메는 유명인의 사인지보다 훨씬 많은 약 300개의 메뉴판이 벽에 걸려 있어 그 광경이 그야말로 압권이다. 회나 생선조림은 물론이고 고래, 장어, 복어까지. 정어리정식은 회, 생선을 된장으로 버무린 나메로우(なめろう), 소금구이, 간 무가 들어간 오로시 폰즈맛 등 네 가지 가운데 고를 수 있다. 정식에 딸려 나오는 절임 반찬은 다섯 종류다. 이날은 훈제 단무지 절임인 이부리갓코(いぶりがっこ), 묵은 단무지, 당근 쌀겨절임, 배추와 순무잎절임, 노자와나(野沢菜)가 같이 나왔다.

교코 씨는 처음 온 손님이든 단골이든 스스럼없이 말을 잘 걸었는데 "그때는 남편하고 같이 왔었죠."라고 할 정도로 기억력이 아주 좋았다. 목소리는 식당 안이 울릴 만큼 크고 기운차며 발랄했다. 인터뷰에 응하면서도 반찬을 준비하는 손을 멈추지 않았다.

종업원은 모두 싹싹하면서 꾸밈없었다. 하루아침에 이루어질 수 없는 이러한 가정적인 편안함에 희극인 콤비 돈네루즈도 그대로 넘어갔겠지 싶다.

2대 주인이었던 남편이 예순아홉에 세상을 떠나, 쓰키지의 복어요릿집에서 5년 동안 경험을 쌓은 차남 히로시(浩) 씨가 주방을 맡게 되었다. 종종 아들과 어머니가 한 치도 양보하지 않고 맹렬한 말다툼을 시작하는 것도 이 식당의 매력이다.

히로시 씨가 튀기는 정어리오로시폰즈정식은 폰즈 소스가 맛의 결정타다. 히가시마루간장(ヒガシマル醬油)과 야마사간장(ヤマサ醬油)을 조합한 특제 간장, 미림, 식초를 섞어 끓인 폰즈에 레몬 등 그때 구할 수 있는 감귤을 넣는데 계절에 맞추어 배합을 달리하며 직접 만든다.

고래고기간장튀김은 밑간을 세게 하며 튀김옷이 고소한 식감을 만들어낸다. 옛날 생각이 나게 하는 빨간 비엔나소시지나 진한 된장의 풍미가 중독성이 있는 규스지 요리도 있다. "오늘 올 단골이 이 요리를 좋아해요." 하면서 교코 씨가 만들던 것은 양하와 순무 아사즈케였다. 메뉴에는 없는 요리다. 어쩌면 안 올 수도 있는데 그래도 괜찮다면서 웃었다.

교코 씨는 대대로 절을 이어온 집안에 태어났으며,

왼쪽 위가 히로시 씨. 오른쪽 아래는 계산을 하는 교코 씨. 기름때가 묻은 주판이 늘 손에서 떠나지 않는다(현재는 몸이 안 좋아 식당에 나오는 날이 며칠 안 된다). 172쪽은 수제 폰즈가 맛의 비결인 정어리오로시폰즈정식. 교코 씨의 특제 묵은지는 매일 내용물이 달라진다.

대중일본요리 아지토메

결혼 전까지 병원 사무직으로 일했다. 그런데 요리와는 어떻게 연을 맺게 되었을까?

"장례식이 있으면 단가(檀家)에서 저마다 가정 요리를 만들어 가져와요. 밑간을 한 채소를 두부와 버무린 시라아에(白和)도, 다양한 초밥 재료를 위에 뿌려서 먹는 지라시초밥(ちらし寿司)도, 집마다 맛이 다 달라서 흥미롭더라고요. 가정 요리를 많이 보면서 자란 덕분에 지금으로 이어진 듯해요."

중매 결혼한 남편이 복어와 튀김을 내놓는 가게를 시어머니와 열면서 '맛(味)으로 손님의 발을 멈추게(とめ) 하겠다'는 마음에 '아지토메'라고 이름을 지었다. 이후 남편과 교코 씨가 재료 매입처를 추가로 확보해 요리 가짓수를 늘리고 싸고 맛있는 대중일본요릿집으로 업종을 바꾸었다. 젊었을 때는 상상도 하지 못한 길을 걷게 된 교코 씨에게 일이 주는 기쁨은 무엇일까?

"절이나 병원은 질병이나 이별을 경험해 마음이 약해진 사람이 오는 장소예요. 고독한 사람이나 외로운 사람도 있었죠. 그렇지만 이 식당에는 활기찬 사람들뿐이에요! 일하면서 매일이 즐거워요."

[그 후의 이야기]
이후 교코 씨는 건강이 안 좋아져 현재는 아들 히로시 씨가 주축이 되어 운영한다. 물가가 급등해 메뉴나 식재료를 재검토하면서 산겐자야에서 사랑받는 가게로 영업을 이어가고 있다.

다이시도 4-23-7

다이쇼시대부터 신주쿠의 입맛을 사로잡아온
원조 '민생식당'

　　식당 나가노야(食堂 長野屋)

신주쿠역 남쪽 개찰구를 등지고 왼쪽으로 걷다 보면
간선도로인 고슈카이도(甲州街道)를 따라 50미터도 못
간 곳에 광장이 나온다. 그곳에서 아래쪽을 빙그르르
돌아보면 길 건너편에 오래된 식당이 보인다. 빨간
비닐소재 차양에 '식당 나가노야'라는 글씨가 쓰인 곳.

　도쿄 사람들에게 이야기하면 "아, 그러고 보니 오래된
가게가 있었네요." 하면서 다들 어렴풋이 알고는 있다.
그렇지만 가게 이름은 모른다. 고기두부나 감자샐러드,
카레라이스가 엄청나게 맛있고 싸고 편안해서 좋다고 알려
주면 다들 "정말요?" 하고 눈을 반짝인다. 이게 나가노야에
관해 이야기하면 사람들이 보이는 일반적인 반응이다.

　나가노야는 1915년 문을 열었다. 눈에 띄는 장소에
있지만, 쇼와시대에 시간이 멈춘 듯한 그 모습에 겁을 먹는
그 마음도 이해가 된다. 나도 그랬다. 그렇지만 일단 한
번 방문하면 분명 팬이 된다. 고향에 특별한 감흥이 없는
사람이라도 향수와 같은 감정을 품을지 모른다.

　전후에는 '민생식당(民生食堂)'으로 근처에 사는
서민들의 영양을 책임졌다. 현재 식당 주인은 3대째로,
아버지와 아들이 주방을, 어머니와 딸이 홀을 맡아 가족이
꾸려가는 온기가 식당 분위기를 온화하게 감싼다.

　무서운 속도로 변화하는 신주쿠에서 '변하지 않는
일'은 아주 어렵다. 음식을 꾸준히 싸게 내놓는 일도, 맛도

품질 유지도. 그 뒤에는 섬세한 수고와 노력이 있다.

상경한 지 30년 정도 된 나는 지금의 나가노야를 친구에게 설명할 때 반드시 이렇게 덧붙인다.

"있다는 건 알았지만, 상경하고 한 번도 가지 않은 나를 원망하고 싶을 만큼 최고의 가게야."

신주쿠 고층 빌딩을 건설하던 사람들의 쉼터

홋토코(17쪽)에서도 언급했듯이 정식집은 식사는 물론 술과 안주를 즐기기에도 아주 좋은 업태다. 나가노야도 마찬가지다. 모든 반찬이 안주로 먹기에 아주 좋다.

먼저 가지된장볶음이나 토란과 당근, 죽순, 표고가 들어간 고모쿠조림(五目煮) 반찬을 주문해 병맥주와 함께 즐겨 보자. 다음으로는 나물인 오히타시(おひたし)나 직사각형으로 큼직하게 잘려 맛이 진하게 밴 우엉조림을 추가한다. 마지막으로 갈색이 되도록 끓인 고기두부정식을 밥양을 적게 해 먹는다. 혹은 고기두부는 단품으로 시키고 카레라이스를 누군가와 나누어 먹어도 좋다.

싸다는 점만 강조해서 가게에는 죄송하지만, 초심자는 가쓰카레가 아니라 먼저 일반 카레를 꼭 먹어보기를 바란다. 가쓰카레는 돈가스의 맛에 정신이 팔려서 카레의 진짜 맛을 발견하기 어렵다. 여차하면 카레만 먹기 위해 나가노야에 가도 손해는 보지 않는다. 양파의 단맛, 여러 향신료의 복잡하면서 풍부한 풍미, 옛날식의 걸쭉하고 친숙한 카레는 800엔이라는 가격이 믿기지 않을 정도로 깊은 맛을 지녔다. 왜 이런 맛이

지금까지 맛집 잡지의 카레 특집에 실리지 않았는지
신기했다.

    3대 여주인인 바바 미요코(馬場美代子) 씨는 말한다.

    "곰솥에 양파를 산처럼 담아 달달 볶아서 단맛을
냅니다. 그리고 옛날부터 카레 가루는 나일상회
(ナイル商会)에서 나오는 걸 사용해요. 남편이 가게를
물려받아 주방에 들어간 56년 전부터 쭉 그렇게 해왔죠."

    오, 이곳에서 카레와 향신료로 유명한 나일상회의
카레와 만날 줄이야.

"선대는 365일 쉬는 날 없이 아침 7시부터 밤 11시까지
영업했어요."

    이 책을 위해 취재한 정식집 대부분에 해당하는
이야기인데 이 업종 사람들은 정말 쉴 새 없이 일한다.
정기 휴무일이 아예 없거나 일주일에 하루 쉬는 식당들이
많다. 대부분 가족 경영으로 꾸려가다 보니 쉬면 주방을
맡을 요리사가 없기 때문이다. 과거에는 연중무휴였다,
밤새 영업했다, 심야 2시까지 문을 열었다는 식당도 적지
않다.

    개점 시간까지 다양한 반찬의 재료 손질도 해야 하니
보이는 것 이상으로 가게에 매여 있는 시간이 길다. 이런
부지런한 일꾼들이 사회 전체가 상승세를 타던 쇼와시대의
일본을 보이지 않는 곳에서 지탱했을 것이다.

    나가노야는 식량난이 심각했던 전쟁 중에 도쿄도가
외식권과 교환해 식사를 할 수 있는 민생식당으로 지정해
싼 가격에 영양가가 높은 음식을 제공했다. 나가노야는

아직도 남아 있는 드문 옛 민생식당 가운데 하나다.
　　외식권 제도가 없어진 후에도 고도경제성장기에 신주쿠 빌딩군을 건설한 건설 노동자, 근처에 있던 간이 숙박 거리의 마권 판매소에 왔다가 돌아가던 손님, 화물이나 운송 일을 하는 육체노동자들로 북적였다.
　　식당 안에는 1984년 당시의 외관 사진이 걸려 있었다. 흑백사진으로 '고리대금업'이나 닛카쓰로망포르노(日活ロマンポルノ)의 간판 등 난잡한 신주쿠의 풍경이나 길거리를 지나는 미국산 하얀 자동차의 모습도 그대로 담겨 있었다.
　　미요코 씨는 전쟁 전의 신주쿠 지도도 꺼내 보여 주었다. 누군가가 직접 그린 지도에는 '시나노야식당(信濃屋食堂)'이라고 식당 이름이 잘못 적혀 있었다. 미요코 씨는 "너무하죠."라면서도 그다지 대수롭지 않아 하는 눈치였다. "원래는 나가노야라는 주류 판매점에서 시작했으니까 식당 이름은 거기에서 따서 지었을 텐데 정확한 유래는 잘 몰라요."
　　전쟁으로 식당 주변 일대가 소실되었다. 선대는 "집은 우리 돈으로 지었는데 땅은 빌린 상태인 건 말도 안 된다."며 당시 돈으로 억이 넘는 터무니없는 금액이었지만, 무리해서 땅을 사들여 열심히 일해 빚을 갚았다. 지금 건물은 선대가 지은 목조 가옥을 약 50년 전에 데릴사위이자 3대 여주인의 남편인 야스시(保司) 씨가 재건축했다. 1층과 3층에는 테이블석, 2층에는 주방과 카운터석 세 자리가 있는 번듯한 건물이다.
　　"지금은 우리 식당에 오지 않아도 다양한 요리를

신주쿠역 동남출구 광장에서 도보 3분. 마치 일본식 푸딩 같은 명물 고기두부정식은 밥에 부어 맛에 변주를 주며 먹는 것도 추천한다(오른쪽 위). 별미인 햄에그와 감자샐러드를 안주로 점심부터 맥주를 마셔도 좋다(왼쪽 위). 바바 미요코 씨와 딸 아쓰코 씨(가운데). 기모노는 4년 전 본가 정리를 할 때 발견해 그때부터 입게 되었다.

식당 나가노야

내놓는 식당이 많으니까 좌석이 모자라거나 하지 않아요. 그래서 손님 석은 1층에만 있어요. 요리는 2층 주방에서 남편과 장남이 만듭니다."

걸쭉하게 푹 끓이는 고기두부의 포인트는 굵은 설탕

말을 끄는 마부가 오우메카이도(青梅街道)를 왕래했다는 시절부터 꾸준히 보충해 가며 사용해온 소스로 조리는 고기두부는 지금도 단골에게 사랑받는 음식이다. 캐러멜색의 매콤달콤한 소스가 두부와 돼지고기에 잘 배어 있는데 두부 한가운데는 새하얗다. 젓가락으로 뜨면 보드라우면서 푸딩처럼 탱글탱글하다.

돼지고기의 감칠맛이 우러난 국물은 단맛이 느껴지는 간장 양념으로 캐러멜색이다. 비결은 여기에서도 굵은 설탕이었다.

"우리 식당의 단맛은 모두 굵은 설탕으로 내요. 굵은 설탕은 일반 설탕보다 금방 녹지 않잖아요. 식재료 위에 뿌려 두면 천천히 녹으니까 맛이 잘 배어들어요. 남편은 요리를 맛있게 만들려면 조림이든 뭐든 너무 손을 많이 대지 않는 게 좋다고 하더라고요. 굵은 설탕은 그냥 뿌려 놓기만 하면 되니 안성맞춤이죠."

홋코토의 조림, 사라시나(105쪽)의 소바용 국물인 가에시처럼 정식집에서는 깊은 맛이 우러나는 매콤달콤함을 만들어내기 위해 굵은 설탕을 사용하는 곳이 몇 군데 있다. 시간은 걸리지만, 확실히 속까지 스며들어

식어도 맛있다. 일반 설탕으로는 낼 수 없는 프로의 맛을
즐길 수 있다.

처음에는 고기두부만 맛본 다음, 국물과 함께 밥에
올려 먹어 보자. 소름 끼칠 정도로 밥이 술술 넘어가니
다이어트 중인 사람은 주의하는 게 좋다. 밥과 함께
먹었는데도 그릇에 아직 고기두부가 남았다면 시치미
양념을 뿌려서 맛에 변화를 주어 먹으면 된다.

단품으로는 550엔. 된장국, 밥, 배추절임이 함께
나오는 정식은 990엔. 오호라, 멋지구나, 민생 식당.

일하는 여성들도 같이 힘냈으면 하는 마음이죠.

수제 감자샐러드는 아삭한 오이의 식감과 포슬포슬한
감자가 콤비를 이루어 절묘한 식감을 만들며, 마요네즈의
끝맛에서 느껴지는 단맛과 산미가 중독성이 있다.
"감자샐러드야말로 가장 손이 많이 가는 귀찮은 요리죠."
미요코 씨가 말했다.

양파는 얇게 썰어서 물에 담가 두고, 삼각형 모양으로
썬 당근을 익힌 다음, 얇게 자른 오이는 소금 간을 해둔다.
감자는 뜨거울 때 껍질을 벗기고 포테이토매셔가 아니라
일부러 칼로 으깬다. 덩어리가 느껴지는 식감을 중요하게
여기기 때문이다. 그러고 보니 식재료마다 작은 수고가
더해져 있다. 감자샐러드는 가정 요리지만, 절대로 따라 할
수 없는 프로의 맛이다.

"옛날에 식당에서 밥 먹는 손님은 육체노동을 하는
남자 손님이 많았어요. 그런데 여자들도 사회에 나와

일하면서 가정에서 만들어 먹는 음식도 밖에서 먹어도 괜찮다는 분위기가 조성되었어요. 우리 딸도 아이가 있고 맞벌이인데 일하면서 매일 요리를 만들어 먹는 일은 실제로 아주 힘들죠. 그러니 손이 많이 가는 감자샐러드는 더 만들어 먹기 어려워요."

소매가 있는 앞치마인 갓포기(割烹着) 차림으로 음식을 나르며 돕던 장녀인 아쓰코(敦子) 씨는 어느새 아이를 어린이집에서 데려오기 위해 저녁에 급히 외출한 상태였다.

맞아요, 그렇죠, 하고 공감하면서 나는 SNS에서 본 '감자샐러드 소동'을 떠올렸다. 한 여성이 어린아이를 데리고 슈퍼에서 감자샐러드를 사려고 했더니 지나가던 고령의 남성이 "엄마라면 감자샐러드 정도는 직접 만들어야지."라며 핀잔을 주어 상처를 받았다는 글이 논쟁의 발단이었다. 일을 하든 안 하든 어린아이를 안고 감자샐러드를 만드는 일은 쉽지 않다. 또한 요리는 여자만 해야 하는 것도 아니다. 직접 만들지 않는 엄마가 잘못된 것도 아니다. 만들지 못하는 사정이 저마다 있기 때문이다.

미요코 씨는 바쁜 여성들을 한층 더 격려했다.

"도쿄는 두 사람이 같이 일하지 않으면 내 집 마련을 할 수 없어요. 그러니 여자들도 같이 힘내 보자, 그런 마음이에요. 일하랴 집안일하랴 고생이 많지만, 조금이라도 우리 식당 밥을 먹으며 편해졌으면 해요."

단골 이야기, 그리고 코로나19

전쟁 중과 후를 지나온 나가노야는 그동안 참 많은 일을 겪었다.

"근처에는 간이 숙박 거리도 홍등가도 있었어요. '저, 지금 나왔어요.' 하는 손님도 자주 보았죠. 원래는 좀 무서운 일을 하던 단골이 손주 사진을 들고 와 보여준 적도 있어요."

이미 눈치를 챘을 수도 있지만, 지금 나왔다는 곳은 교도소를 말한다. 출소하자마자 손님이 가게에서 싸움을 벌인 일도 있었다.

"신주쿠를 걷는데 '나가노야의 어머니, 돈 좀 빌려주세요.'라면서 단골이 부탁할 때도 있었어요. 다른 손님이 입원했다고 해서 병문안비로 돈을 맡겼더니 나중에 '그 돈으로 술 마셨어요!' 하던 사람도 있었죠. 옛날에는 연휴가 3일이나 이어지면 '분명히 무슨 일이 일어나겠구나.' 하고 마음의 준비를 단단히 한 다음 가게에 나왔어요."

최근에는 젊은이들이나 여성 혼자 오는 손님이 늘었다. "이제 장사를 접어야 하나 싶었을 때 젊은 손님들이 인터넷으로 찾아서 발길을 해주어 참 고마웠죠." 미요코 씨는 눈을 가늘게 뜨며 말했다.

그렇지만 코로나19 팬데믹 상황에서는 손님이 하루에 열 명도 오지 않는 날이 몇 개월이나 이어졌다. 그런 와중에 무전취식하고 도망가는 사람도 있었다.

"그때는 진짜 기운이 쑥 빠지더라고요."

식당 나가노야

일손이 부족한 정식집은 서로 간의 신뢰로 장사가 성립된다. 테이블 담당이 따로 없다 보니 손님이 밥을 다 먹은 후에 슬쩍 없어지면 음식값을 못 받을 때도 있다.

"코로나19 팬데믹 때는 몇 번이나 마음 상하는 일이 생겼어요. 그렇지만 그 덕분에 손님이나 이 일에 고마운 마음도 가질 수 있었죠." 미요코 씨가 말했다.

마스크를 구하지 못해 곤란했을 때 요양병원에서 일하는 단골 여성이 가족 수만큼 마스크를 만들어 보내 주거나 다른 손님이 쓰라면서 두 박스나 가져다주었다고 한다.

"무엇보다 손님이 와서 '식당 문 열려 있어 다행이에요.' 하고 안심하면 그게 그렇게 기쁘더라고요."

카레는 아주 일품이다. 조림도 감자샐러드도 고기두부도 아주 맛있다. 집요하지만, 이렇게 아주 눈에 띄는 곳에 있는데 잘 알려지지 않은 이유는 무엇일까?

수수께끼는 마지막에서야 풀렸다. 방송 취재를 대부분 거절하기 때문이었다. 실은 나도 한 번 취재를 거절당해 편집자인 모토 씨가 이곳에 찾아와 다시 부탁해 미요코 씨가 겨우 받아 주었다.

옛날에 주변에 아직 영화관이 많던 시절, 신주쿠에서 촬영이 있을 때 여러 차례 협조했다. 그런데 반나절만 한다고 해놓고 하루 종일 걸리거나, 가게 안에 촬영 기자재를 펼쳐 놓아 손님이 들어오지 못해 장사를 할 수 없었다. 처음하고 말이 달라지는 일을 자주 겪으면서 주인인 야스시 씨가 "앞으로 절대 방송에는 협조하지 않겠다."라고 결심했다고 한다.

나가노야뿐만 아니라 방송 때문에 씁쓸한 경험을 한
음식점은 많을 것이다. 특히 나가노야는 위치가 좋다 보니
자기들 입맛대로 활용되었을 게 분명하다.

　　그런 씁쓸한 경험까지 포함해 나가노야는 일본의
어두운 면을 많이 보아 오지 않았을까?

　　그렇다고 나가노야의 불이 꺼지지 않게 하고
싶다든지 정취가 있는 가게라는 등의 회고주의적 감정
때문에 이 책에 소개한 것은 아니다. 정말로 아주 순수하게
가정 요리가 맛있었기 때문이었다.

　　이 책에 소개된 일을 계기로 조금이라도 그때의
씁쓸한 경험들이 긍정적인 기억으로 덮인다면 좋겠다.

신주쿠 3-35-7

포렴은 직접 매직으로 쓴 손글씨. 채소 가득, 고기 가득
식당 쓰쿠바(食堂 筑波)

어느 해의 11월 말, 다이토구(台東区)의 오토리신사(鷲神社)에서 도리노이치(酉の市) 축제가 열려 보고 돌아가는데 날씨가 너무 추워 뼛속까지 얼어붙는 듯했다. 그래서 바로 눈에 들어온 포렴이 걸린 식당에 서둘러 들어갔다. 포렴은 잘 보니 손바느질해 만든 듯했고 검은색 매직으로 '쓰쿠바'라고 손글씨로 쓰여 있었다.

알루미늄새시로 된 문을 드르륵 밀고 들어가자 옛날에나 보던 둥근 석유스토브가 있었다. 연소실의 작은 창 저편에 오렌지색 불길이 흔들흔들 나부꼈고, 오랜만에 석유 타는 냄새를 맡자 온몸의 긴장이 스르르 풀렸다.

"어서 오세요." 두 여성이 싹싹하게 맞이했다. 주방에 있는 여성도, 손님과 즐겁게 이야기를 나누며 음식을 나르는 여성도 모두 나이가 있어 보였다. 회사원인 듯한 손님이나 젊은 사람, 동네에 사는 어르신이 모두 혼자 와서 편하게 즐기고 있었다. 석유 냄새와 어우러져 쇼와시대 그대로인 듯한 식당 분위기와 아무 기대 없이 주문한 포크소테정식의 맛에 강하게 끌렸다.

홍등가에서 돌아가는 손님과 택시 운전사로 아침까지 북적북적

포크소테는 너무 푹 익히지 않아 고기가 부드러웠고 표면 일부가 바삭바삭해 섬세하게 불 조절하면서 구웠다는 게 전해졌다. 케첩, 소스, 간장에 더해 깊은 맛의 비결은 마늘이었다. 노부시마 쇼코(延島勝子) 씨의 어머니(97세에 타계)가 고안한 메뉴다. 맛은 쇼코 씨가 완성했다. 80대인 쇼코 씨는 지금도 매일 식당에 나온다.

"저는 정작 고기를 별로 좋아하지 않았어요. 식당을 한다면 생선이나 채소만으로는 안 되고 고기도 내놓아야 한다고 손님이 그래서 열심히 연구했죠. 지금은 저도 조금씩 먹을 수 있게 되었어요."

한쪽 벽을 가득 채운 메뉴는 쉰여덟 종류나 된다. 포럼과 마찬가지로 메뉴판의 글씨도 직접 썼다. 고기 정식만 해도 달걀을 넣은 고기부추볶음, 치킨가스, 야키니쿠, 비엔나소시지 채소볶음은 물론이고 가쓰카레나 밥에 돈가스를 올린 가쓰라이스도 있다. 자신은 정작 고기를 싫어하면서 손님이 좋아하는 개성 있는 고기요리를 어머니와 준비해 왔으며, 어머니가 돌아가신 후부터는 쇼코 씨 혼자 꾸려가고 있다.

전쟁이 끝나고 얼마 지나지 않은 1947년에 쓰쿠바식당은 문을 열었다. 쇼코 씨는 단기대학교를 졸업하고 스무 살부터 식당에서 쭉 일해 왔다.

"네? 메뉴가 쉰여덟 종류나 돼요? 세어 본 적도 없었네요. 해야 하니까 해온 것뿐이지 뭐 대단한 일도 아니에요."

대수롭지 않다는 듯이 말했지만, 이 세대의 여성이 한 가지 일을 온전히 해내기 위해 쏟아부은 시간에는 가히 대단하다고밖에 표현할 수 없는 세월이 숨어 있다.

과거에 주된 손님층은 오토리신사의 참배객이 아니라, 홍등가에서 돌아가는 손님과 택시 운전사였다. 쇼코 씨의 아버지가 택시회사를 경영했기 때문이다. 그전에는 부부가 함께 긴시초(錦糸町)에서 식당을 했는데 도쿄대공습으로 전부 불타버렸다. 이 지역에 살 집과 식당을 마련하고 어머니는 홀로 식당을 꾸려왔다.

아사쿠사 지역의 오래된 정식집을 취재하다 보면 종종 도쿄대공습 이야기가 나온다. 미즈구치식당(39쪽) 주인처럼 어머니와 여동생을 잃거나 쇼코 씨 부모님처럼 식당과 살 곳을 송두리째 잃기도 했다. 전쟁은 먼 옛날의 일이 아니다.

"아버지는 늘 사람에게 속기만 하고 장사를 수완 좋게 못했어요. 그런 만큼 부지런한 어머니가 혼자 고생했죠. 가게 앞에는 차도 많이 다녀서 당시에는 아침부터 밤까지 식당에 드나드는 운전사들 차가 쭉 주차되어 있었어요."

어머니는 자기를 위해서는 뭐 하나 제대로 사는 법 없이 장사한 돈을 모두 다섯 아이의 교육비로 썼다.

"형제 모두 사립학교에 다니고 대학까지 나왔죠. 다섯이나 되는 자식을 다 공부시키는 일이 쉽지 않았을 거예요. 아무 재산도 남아 있지 않지만, 교육을 받아 정말 감사했죠. 그렇지만 오빠들은 상공회의소 등에 취직해 가게를 물려받을 수가 없었어요. 도울 자식이 저밖에 없다

보니 어머니가 너무 안쓰럽더라고요. 저도 실은 너무
힘들어 언제 도망칠지 그것만 생각했어요."

영업은 택시 운전기사가 일하는 시간에 맞추어 아침
8시부터 밤 11시까지 했다. 식당은 늘 만석이었다.

"저는 1박 2일 여행은 물론이고 멀리 외출도
못했어요. 매일 식당 문을 닫고 정리한 다음에야 겨우
다 같이 저녁밥을 먹었죠. 고생스러웠지만, 어머니는
돌아가실 때까지 단 한 번도 불평이나 약한 소리를 하지
않으셨어요."

쇼코 씨는 허리를 삐끗했을 때도 다음 날 아침에
식당에 나왔고 한 달 동안 코르셋을 착용하고 견뎠다.
"어서 오세요, 하고 인사하면서 허리를 굽히면 어찌나
아프던지."

지금은 오전 11시부터 밤 9시까지 영업한다.
쉬는 시간은 없다. 음식을 나르는 일은 속내를 아는
손님에게 부탁했다. 과거에 식당이 자리한 거리인
고쿠사이도리(国際通り)가 활기로 넘치던 모습도 이제는
사라졌다. "이렇게 조용한 날이 올 줄은 상상도 못
했어요." 쇼코 씨가 말했다. 2019년 소비세가 5퍼센트에서
10퍼센트로 인상된 뒤 술을 마시는 손님이 줄었다.
주변에서 장사하는 동료들도 이구동성으로 말했다.
그렇지만 변함없이 정기 휴무일은 일요일뿐이고 토요일도
쉴 생각은 없다.

"이 주변에는 다른 정식집이 없다 보니까 식당이 쉬면
곤란해할 손님도 분명 있을 거예요."

채소가 가득 들어간 포크소테정식(192쪽).
2020년 취재 당시, 점심 영업시간에는
가쓰돈이 650엔, 고등어소금구이정식이
700엔이었다. 위 사진이 쇼코 씨다.
손으로 직접 쓴 포렴이 인상적인 쓰쿠바는
아사쿠사에서 미노와(三ノ輪)로 빠지는
고쿠사이도리 길가에 있다.

식당 쓰쿠바

푸른 차조기와 함께 잘게 써는 양배추와 양상추가 아삭아삭

식당에는 고령의 여성이나 40-50대 여성 손님이 혼자 와서 느긋하게 텔레비전을 보고 있었다. 한 사람이 말했다. "이곳은 채소량도 많고 고기든 생선요리든 다 맛있어요."

쇼코 씨가 채소나 조림을 좋아해 정식에도 채소가 듬뿍 들어간다. 950엔인 포크소테정식에는 가쓰오부시간장조림인 오카카(おかか)를 시금치와 버무린 반찬이나, 수제 배추소금절임, 차가운 두부도 나온다. 메인 접시에는 양배추, 오이, 토마토에 반절짜리 화이트 아스파라거스, 감자샐러드가 곁들여 있었다.

된장국에는 지금까지 갔던 그 어느 식당보다 건더기가 많았다. 무, 두부, 파, 미역이 한가득 들어 있어, 그릇 안에서 젓가락을 움직이기 어려울 정도였다. 하얀 된장으로 세련된 맛을 내고 반드시 유자 껍질을 함께 넣는다. 이 유자가 아주 제 역할을 톡톡히 한다. 튀김요리나 포크소테에 곁들이는 양배추는 반드시 푸른 차조기와 함께 잘게 채 썰어 향을 더한다. 간 무나 생강은 주문이 들어오면 그때그때 간다. 미림과 간장으로 밑간을 한 방어스테이크는 채소와 버섯을 함께 먹었으면 하는 마음에서 고안했다고 한다.

쇼코 씨의 채소 요리는 무심한 듯하면서도 세심하다. 채소 반찬은 우엉조림, 깨소금무침, 오히타시, 브로콜리샐러드, 채 썬 참마 등이 있는데 모두 250엔이다. 소비세는 이미 오래전에 올랐다. 채솟값도 싸지 않다.

집요하게 이걸로 이익이 남는지 물었더니 전에 언제 가격을 올렸는지 잊었다면서 웃으며 흘려 넘겼다.

"푸성귀 나물은 혼자 사는 남자들이나 나이 든 사람들이 조금씩 만들어 먹기에는 손이 많이 가요. 그래서 두부도 조금 곁들여 내놓아 균형 있게 드시게 하죠."

늘 무심한 듯 손님을 생각한다. 그런데 정작 자신은 특별한 꿈은 없다고 말했다.

유일한 큰 기쁨은 손님이 남김없이 싹싹 다 드시는 일이라고 했다. 그러니 쓰쿠바에 간다면 쌀 한 톨도 남김없이 싹싹 다 먹었으면 좋겠다.

그것이 쇼코 씨가 내일을 사는 힘이 되니까.

ⓞ 2024년 11월, 77년의 역사에 막을 내렸다.

절대 지지 않겠다는 집념으로 지켜가는
동네의 마지막 소바집

조주안(長寿庵)

현재 이케지리오하시(池尻大橋)에 있는 소바집은 조주안만 남았다.

"메구로구(目黒区) 히가시야마(東山)는 시부야에서 전철로 한 정거장밖에 안 되니 당연히 땅값이 비싸요. 이 식당은 1964년에 군마(群馬)에서 상경한 아버지가 고생해서 연 곳이에요. 부모님하고 언니 가족이 함께 경영하니까 지금까지 해올 수 있었죠. 그렇긴 해도 이케지리는 널린 게 체인점이라 저희가 열심히 잘 꾸려가야 해요. 체인점의 연구력은 엄청나니 거기에 지지 않겠다는 마음으로 하지 않으면 바로 밀려납니다."

소바는 자택 겸 식당이 있는 건물 지하의 제면소에서 주인인 마마다 유이치(儘田裕一) 씨가 아침부터 1시간 들여 그날 손님에게 내놓을 만큼만 매일 제면한다. 가쓰돈이나 냄비볶음우동, 오므라이스 등 다양한 메뉴에 고기와 감자를 간장에 조린 니쿠자가(肉じゃが)나 고등어된장조림 등 반찬을 더하면 훌륭한 정식이 된다.

손님은 동네 주민이 90퍼센트라고 마마다 씨가 말했다. 조주안처럼 동네에서 사랑받는 식당은 왠지 여자 혼자 들어가기 좀 망설여진다. 그래서 쭈뼛쭈뼛 찾아갔는데 자동문이 열리자마자 앞치마 차림의 활짝 웃는 나이 든 여성이 "어서 오세요. 이쪽으로 앉으세요." 하고 맞아 주었다. 물이나 요리를 가져다줄 때도 웃음이 끊이지 않았다. 어르신 혼자 온 손님에게는 "아이고, 오랜만이네요." 하고 말을 걸었다. 게다가 가족이 함께 오자 부모님이 밥을 먹는 사이 어린아이를 돌보았다. 식당 여기저기에서 특별할 것 없는 대화나 웃음소리가 오갔다. 글로 쓰면 너무 당연해서 감동이 전해지지 않아 답답하지만, 이 식당의 허물없으면서 밝은 접객은 그 무엇과도 바꿀 수 없을 정도로 각별했다.

내가 식당을 찾았을 때 우연히 회사원 여덟 명이 손님으로 와 있어 시끌벅적했다. 나중에 계산대에서 계산하는데 식당 직원 두 사람이 "시끄러웠죠? 죄송해요." 하고 나에게 사과했다. 그런 그들을 본받아 나도 괜찮았다면서 웃는 얼굴로 답했다.

마마다 씨는 말한다.

"밥집은 이제 다들 안 해요. 밤에 술을 중심으로 팔지 않으면 꾸려가기 어려우니까요. 우리는 밥집의 긍지를 걸고 식사하는 모든 사람이 편안하게 즐기고, 만족하는 얼굴로 돌아갔으면 좋겠어요. 음식 값에는 그런 시간을 제공하는 대가도 포함되어 있다고 생각해요. 그러니 회전율을 올리겠다면서 '다 먹으면 얼른 나가라'는 식의 분위기를 절대 풍기지 않고, 아이를 데리고 오는 가족도 대환영이에요. 어머니나 아르바이트 직원들이 돌아가며 아이를 보죠."

소금과 후추로 밑간이 잘 된 가쓰돈은 달걀옷을 입은 두툼하고 큼직한 돈가스가 그릇에 꽉 차 있어 아주 묵직했다. 소바집의 가쓰돈답게 가쓰오부시와 다시마로 맛을 낸 국물과 간장 양념이 잘 스며들어 부드러웠다. 이게 바로 제대로 된 가쓰돈이지, 할 정도로 이상적인 황금색과 양이었다. 양이 엄청 많은데도 간이 적당해 마지막까지 질리지 않고 흰밥을 싹싹 다 먹을 수 있었다.

"국물이 너무 많으면 그 맛에 질리니까 흰밥에 스미지 않도록 하면서 만들어요. 양념은 다 먹었을 때의 만족감을 상상해 너무 진하지 않도록 조절합니다. 마지막까지 맛있게 드셨으면 하니까요."

가쓰돈을 비롯한 덮밥류에는 모두 된장국, 샐러드, 반찬, 채소절임이 함께 나온다. 보통 크기 가쓰돈은 1,150엔, 곱빼기는 1,400엔이다. 채소절임은 어머니인 쇼코 씨가 직접 만드는데 무 쌀겨절임, 양배추생강절임, 당근 아사즈케가 함께 곁들여져 있었다.

가족이니까 할 수 있는 일

"대학교를 졸업한 뒤 회사원으로 일하다가 부모님을 도우려고 식당에 들어왔기 때문에 요리학교도 가지 않았어요. 그런 제가 연구력, 조직력이 있는 체인점이나 대형 식당을 상대로 이기려면 역시 국물을 맛있게 만들고 정성을 들이는 수밖에 없겠더라고요."

그렇지만 아무리 애를 써도 벌 수 있는 돈이 얼마인지는 훤히 보인다. 편의점을 하는 게 더 편하겠다는 생각이 들던 밤도 있었다. 대학 동창생으로부터 매뉴얼화해서 식당을 늘려 가면 어떻겠느냐는 말도 들었다.

"그렇게 하면 숫자만 계속 좇게 돼요. 상대방의

얼굴이 보이지 않고 일하는 기쁨도 사라지죠. 저는 고맙다는 말을 듣는 일이 그 무엇보다 소중하고 거기에서 보람을 느껴요. 돈을 많이 벌 수 있다고 해도 그저 칼로리를 얻기 위한 밥집은 하고 싶지 않아요."

밤 9시 폐점. 새벽 5시에 기상해 맛국물을 만들기 시작할 때부터 거의 하루 종일 서서 일하다 보면 하루가 끝난다.

마마다 씨는 한 책에서 프랑스의 미슐랭 레스토랑 가운데 70퍼센트가 가족 경영 식당이라는 내용을 보았다.

"저렴한 가격으로 온갖 정성을 들여서 만드니 맛있는 건 당연하죠. 좋은 밥집을 하려면 역시 가족 경영밖에 없겠구나 싶었어요."

고등학생 시절, 가게를 도우면서 너무 힘들어 절대로 물려받지 않겠다고 다짐했다. 그렇지만 대학을 졸업하고 취직했다가 식당에서 일하게 되었다.

실제로 일해 보니, 가족 경영이기 때문에 노동 시간이 길고 연휴도 없었다. 서로 스스럼없이 대하다 보니 무리해서 일하기도 쉬웠다. 그렇지만 그런 가족만이 품을 수 있는 가치관으로 노동력을 쏟는 식당이 프랑스에서는 인정받는다는 사실을 알고 새삼 깊이 감동했다.

"가족만이 공유할 수 있는 가치관, 기쁨이라는 것이 분명 있습니다. 기업이 경영하는 음식점과는 다르죠. 그런 가치관에서 태어난 식문화를 소중하게 이어가려고 합니다."

실은 내가 방문하기 일주일 전, 마마다 씨의 아버지가 암으로 돌아가셨다. 그러한 상황도 있었기 때문에 조주안

소바 가루는 창업한 지 100년이 넘는
오다와라(小田原) 구쓰마제분(久津間製粉)에서
들여와 식당에서 매일 제면한다. 달걀 두 개가
들어가는 묵직한 가쓰돈은 가쓰오부시와
다시마로 낸 국물이 잘 배서 맛깔스럽다.

조주안

2대 주인은 '질 수 없다'라는 말을 몇 번이나 입에 올릴 정도로 이 일에 진검승부였다.

이케지리오하시의 마지막 소바집. 시부야 옆 동네에 이렇게 애쓰는 옛날부터 이어온 소바집이 존재한다는 사실을 모두 기억했으면 좋겠다.

히가시야마 3-4-7

70-80종이라는 놀라운 가짓수로 가족이 꾸려가는 식당

야시로식당(やしろ食堂)

간장 양념에 자작하게 끓여 먹는 전골인 스키야키 (すき焼き)풍으로 맛을 낸 고기두부 위에서 반숙 달걀이 걸쭉하게 주룩 흐른다. 커다란 두부는 갈색의 소스가 배어든 돼지고기와 실곤약에 묻혀 있다. 반찬 두 종과 채소절임이 함께 나와 870엔인 이 고기두부폭탄정식 외에도 이 식당에는 정식이 스물다섯 종류 있다. 구운 생선이 열한 종류, 연어혹초조림정식 등 제철 특별 세트가 여덟 종류, 카레나 덮밥류가 다섯 종류, 그 이외에 조림, 튀김, 회, 샐러드, 달걀 요리, 고기 요리, 채소절임까지 해서 보통 70-80종류다. 카운터에는 반찬을 담아둔 커다란 접시가 나란히 놓여 있다.

    벽에 걸린 메뉴판과 카운터에 쭉 놓인 반찬이 시야에 바글바글 들어와 혼란스러웠다. 관심이 가는 메뉴를 어떻게 주문하면 좋을지 몰라 옆에 혼자 온 할머니 손님이 어떻게 주문하는지 귀를 기울였다. "전갱이튀김에 월과초무침하고 우엉조림, 밥하고 된장국 주세요."

    아하, 먼저 주요리를 정하고 나머지는 반찬을 몇 가지 주문하면 되는구나. 설레는 마음으로 눈앞에 있는 유리 케이스(카운터의 커다란 접시가 놓인 쇼케이스와 별개)에 놓인 반찬 군단들과 눈싸움을 했다. 그렇게 겨우 정한 메뉴가 양념 된장에 재워 굽는 붉은생선사이쿄야키와 두 가지 모둠조림(두부튀김조림, 니쿠자가), 감자샐러드, 밥,

된장국이었다.

"붉은생선사이쿄야키 주문 들어왔어요." 하고 여주인이 기운차게 주방에 주문을 넣었다. 그러자 주방에서 식당 주인인 남편과 아들이 "네, 알겠습니다~." 하고 대답하고 곰바지런히 움직였다. 이 방대한 가짓수의 요리를 남자 둘이서 만드는구나.

아까 옆에 앉았던 할머니가 계산하면서 다른 전갱이튀김을 포장해 갔다. 나이 드신 분이 집에서 튀김 요리를 하기는 꽤 힘들다. 딱 한 조각만 먹고 싶을 때 이런 식당이 근처에 있으면 사서 돌아갈 수 있으니 얼마나 편하고 좋은가.

동네 주민에게 사랑받는다는 이런 말을 쉽게 입에 올리고 싶지 않지만, 잠깐 머물기만 해도 반드시 알게 된다. 손님과 주고받는 대화, 식당에 감도는 분위기, 소박한 반찬들, 그것을 입안 가득 먹는 사람들의 흡족한 얼굴. 단골은 물론 남녀노소가 끊임없이 드나드는 이곳이야말로 제대로 된 대중식당이며, 마루노우치선(丸ノ内線) 종점에 있는 작은 동네, 호난초(方南町)가 자랑하는 식당이다.

패전 후에 겪은 배고픔이 꿈을 뒷받침하다

야시로식당은 1971년 나카무라 다케오(中村武雄), 후쿠 (フク) 부부가 시작했다. 두 사람 다 니가타 출신으로, 다케오 씨는 아사가야(阿佐ヶ谷)에 있는 야시로식당에서 6년 동안 경력을 쌓았다. 당시 야시로식당은 아사가야, 고엔지(高円寺), 메구로(目黒), 오기쿠보(荻窪),

도리쓰카세이(都立家政) 등 열세 곳에 매장이 있었다. 사장도 니카타 출신이라 쌀은 니가타산으로 저렴하게 들여왔다. 각 식당은 분점으로 확산되었는데 모든 식당이 인기가 있었다고 한다.

"저는 가시와자키시(柏崎市) 출신으로 전쟁이 끝난 해에 태어났어요. 도쿄를 동경해 상경했죠. 패전 후 허허벌판에 먹을 것도 없는 시절을 겪으면서 배불리 먹을 수 있는 음식점을 하고 싶었어요."

바로 옆 음식점에서 일하던 같은 고향 출신의 후쿠 씨와는 다케오 씨가 식당에서 일한 지 1년 차였던 스무 살 때 결혼했다. 이후 62년째 함께하고 있다. 다케오 씨는 거품경제 직후가 가장 장사하기 힘들었다고 회상한다. "10엔에서 20엔 정도 가격을 올렸는데도 손님이 찾아 주어 도움을 많이 받았죠."

평일에는 쉬는 시간 없이 11시간 동안 영업한다. 유일한 정기 휴무일인 일요일에는 식재료를 매입하고 재료 손질을 한다. 다른 일에 종사하던 아들 나오토(尚人) 씨가 고령의 부모님을 걱정해 2년 전부터 돕고 있다. 그렇다고 해도 가족 셋이서 이렇게 많은 요리를 해내려면 보통 일이 아닐 듯했다.

"밤 10시에 문을 닫은 다음, 쓰레기를 버리고 정리한 뒤 집에 돌아가면 11시입니다. 바로 잠들기는 아쉬우니까 텔레비전을 보다 보면 새벽 2시에나 잠들죠. 그리고 다시 8시에 일어나 식당으로 갑니다. 저는 조림 밑간을 맡고 있어요. 쉬는 시간 없이 영업하니까 저희 점심은 교대로 상황을 봐가면서 후다닥 먹습니다." 후쿠 씨가 말했다.

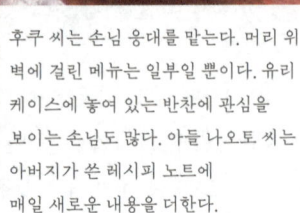

후쿠 씨는 손님 응대를 맡는다. 머리 위
벽에 걸린 메뉴는 일부일 뿐이다. 유리
케이스에 놓여 있는 반찬에 관심을
보이는 손님도 많다. 아들 나오토 씨는
아버지가 쓴 레시피 노트에
매일 새로운 내용을 더한다.

튀김 담당은 나오토 씨다. 그 이외 모든 요리는 다케오 씨가 만들기 때문에 아침 7시에 출근한다. 거의 15시간 가까이 일하는 셈이니 70대의 나이에 고단하지 않은지 다케오 씨에게 단도직입적으로 물었다.

"일하는 걸 좋아해요. 니가타에서 먹을 게 없어 고생을 많이 했으니까 잘 참을 수 있는지도 모르죠. 게다가 저는 조금이라도 쉬면 오히려 잘 못 움직이겠더라고요. 낮에도 회를 손질해야 해서 어차피 주방에 있으니 쉬지 말고 하자고 했어요."

후쿠 씨도 입을 모았다. "쉬면 그대로 늘어져서 일어나지 못해요."

이것도 가족이 함께 꾸려가는 가게를 취재할 때 거듭 알게 되는 점이다. 정식집을 운영하는 부모를 보고 자란 자식은 처음에는 다른 길을 걷는 일이 많다. 나오토 씨는 말한다.

"저도 그랬어요. 아침부터 밤까지 하루 종일 여기에 매여 있어야 하는구나 싶었죠. 부모님 모두 집에 돌아오면 완전히 기진맥진한 상태였으니까 참 힘들어 보였어요. 이렇게 장사하는 모습을 계속 보면 그 누구도 절대로 도와야겠다는 생각은 못 할 거예요."

온화한 말투로 이야기하는 이 조력자가 주방에서 기민하게 움직이는 모습이 그렇게 듬직할 수가 없다. 손님이 들어와 메뉴 어디를 보고 있는지를 무심한 듯 관찰한 뒤 손님이 후쿠 씨에게 주문한 순간, 조리에 들어간다. 손님을 기다리게 하지 않겠다는 아버지의 정신을 그대로 이어받았다.

야시로식당

야시로식당은 외국인 단골도 많다. 한 달 동안 매일 왔다는 프랑스인 청년은 식당에 들어오자마자 익숙한 말투로 "된장국수프, 브로콜리(샐러드)." 하고 신기한 조합으로 음식을 주문했다.

"이분은 낫토든 뭐든 다 잘 먹어요. 오늘은 다른 데서 이미 밥을 먹고 왔나 보네요." 어머니처럼 뭐든 다 알고 있는 후쿠 씨가 말했다. 뮤지션으로 보이는 스페인 청년은 가라아게를 안주 삼아 일본인 동료와 함께 낮부터 맥주를 시원하게 들이켜며 음악에 대한 지론을 펼치고 있었다. 한 남성 손님은 구운 오징어와 병맥주를 먹으며 30-40분 정도 있다가 식당을 떠났는데 1,000엔을 내고 잔돈을 받았다.

15년째 단골이라는 연배가 있던 택시 운전기사 두 사람은 맥주에 회를 안주 삼아 먹고 있었다.

"택시 일이 끝나면 여기에 들러요. 쉬는 날은 낮부터 오죠. 이 식당의 좋은 점요? 15년 동안 한 번도 손님들 사이에서 다툼이 일어나는 걸 본 적이 없어요."

다른 날에 방문했을 때 나는 고등어소금구이정식에 달큰한 된장이 뿌려진 가지튀김, 제철인 월과초무침을 추가했다. 된장국은 미역, 양파, 숙주, 무, 배추, 두부가 들어가 있었다. 이렇게 해서 1,220엔이었다. 푸짐하게 먹을 수 있는 음식부터 가볍게 먹을 수 있는 음식까지 전부 있으니 정식으로 다양한 욕구가 채워진다. 마지막으로 주방에서 일한 지 2년 반 된 나오토 씨에게 물었다. 왜 '절대로' 하고 싶지 않았던 길을 걷고 있나요?

"무슨 일이 일어날지 전혀 감이 잡히지 않는 힘든 세상에서 사람이 사람을 신뢰하는 일은 참으로 어렵죠.

그렇기 때문에 단순할지 모르지만, 우리 식당처럼 사람과 사람이 서로 연결되는 장소는 세상에 꼭 필요하다고 생각했어요. 계속 존재했으면 하는 마음에서 돕고 있습니다."

    가슴에 와 닿는 말을 스스럼없이 건넨 다음 나오토 씨가 주방으로 사라지면서 취재는 끝났다. 그리고 하나둘 밤을 즐길 손님들이 식당 문을 열었다.

[그 후의 이야기]
취재하고 4년 후인 2024년 4월, 다케오 씨, 후쿠 씨 부부가 고령이 되면서 53년 동안 이어진 영업에 막을 내렸다.

손님 인생의 30분을 소중하게

불도그(ブルドック)

카운터석에 앉았더니 또 《돈네루즈의 여러분 덕분이었습니다》 마스코트가 눈에 들어왔다. '왔네슐랭'으로 인정받았다는 증거로 받는 마스코트에는 먼지가 쌓여 있었다. 양식집 불도그 주인인 스즈키 겐(鈴木謙) 씨가 고등학생 때 그렸다는 커다란 유화(평온하고 따뜻한 멋진 그림이다!)의 수제 액자에도 살짝 먼지가 쌓여 있었다. 그렇다고 꺼림칙한 마음은 전혀 들지 않았다. 이곳의 모든 요리에는 애정이 흘러넘치기 때문이다.

멘치카쓰는 손바닥보다 훨씬 크고, 함박스테이크는 3단으로 나오며, 오므라이스는 벌칙 게임을 받는 건가 싶을 만큼 거대하다. 이런 음식들을 다 1,000엔 조금 넘는 가격에 맛있게 먹을 수 있다. 커플, 회사원, 혼자 온 여성 손님, 외국인들이 드나들다 16시 무렵에 손님의 발길이 끊어졌나 싶더니 17시에는 만석이 되었다.

"원고는 온전히 맡길 테니 쓰고 싶은 대로 쓰세요."

정식을 갖춘 식당은 맛있기만 해서도, 싸기만 해서도, 양이 많기만 해서도 오래 가지 않는다. 주인의 긍지와 매력적인 성품이 바탕에 깔려 있어야 한다. 무뚝뚝해도 오로지 손님이 좋아했으면 하는 마음 하나로 성실하게 식당을 운영하는 사람도 있고, 겐 씨처럼 분주한데도 손님을 놀라게 하고 웃기는 것을 좋아하는 활발한 사람도 있다. 모두 매력적이고 소중하다.

한창 요리를 하는 와중에도 손님에게 마술을 선보이는 것도 모자라 옆에서 웍으로 조리하는 직원에게 "콩트 그룹 더 드리퍼스(The Drifters)하고 희극인 비트 다케시(ビートたけし)의 개그가 뭐가 다른지 알아?" 하고 갑자기 말을 걸었다. 그렇지만 다들 또 시작이네, 하며 못 말리는 장난꾸러기를 보는 듯한 흐뭇한 표정으로 묵묵히 자기 앞에 놓인 접시와 사투를 벌였다.

스물두 살에 아버지의 식당을 재건

오이마치(大井町)에는 전후에 성행한 암시장의 흔적이 남아 있는 히가시코지(東小路)와 헤이와코지(平和小路)라는 거리가 있다. 그 거리에는 선술집이나 닭꼬치집, 스낵바 등 음식점이 빼곡하게 들어서 있어 낮부터 생맥주를 들이키며 한숨 돌리는 와이셔츠나 작업복 차림의 손님을 여기저기에서 볼 수 있다.

불도그는 1949년 히가시코지 골목길 안쪽에서 겐 씨의 아버지가 시작했다. 전쟁이 끝난 후 4년째 되던 해였다. 본래 할아버지가 아사쿠사에서 4층 건물의 큰 목욕탕을 운영했다. 그렇게 모은 재산은 네 형제에게 분배되었고, 둘째 아들은 오이마치에 정육점 '니쿠노 마에카와(肉のまえかわ)'를, 넷째 아들(겐 씨의 아버지)은 '불도그'를 열었다. 전자는 정육점에서는 흔히 볼 수 없는 서서 술을 마실 수 있는 공간까지 마련해 놓고 안심 돈가스인 히레가쓰(ひれカツ)나 닭가슴살 등 정육점만의 반찬을 내세워 오랫동안 장사를 잘 해왔다.

불에 타 소실되기 전의 불도그의
모습.(222쪽) 돈가스를 자르는
스즈키 씨(216쪽). 손과의 비율만
봐도 돈가스가 얼마나 큰지 알 수
있다. 가끔 트럼프 마술도 보여
준다(오른쪽 위). 함박스테이크
1인분(왼쪽 위). 종종 첫 번째 단이
하트 모양이 된다. 스즈키 씨가 그린
그림(가운데)은 화재에서 살아남아
지금은 창고에 보관 중이다.

불도그

그런데 겐 씨의 아버지가 운영하던 불도그는 요리사가 화재를 일으키는 바람에 아버지는 주변에 사과하러 다니면서 이제 그만두어야 하나 하고 의기소침해 있었다.

그때 "괜찮아요. 내가 오른손으로 기타 치면서 왼손으로 요리할게요." 하고 스물두 살의 겐 씨가 가게 재건에 발 벗고 나섰다. 겐 씨는 우에노(上野)에 있는 고등학교에 다닐 때부터 음악에 빠져 밴드를 결성해 활동했다.

어머니는 가게를 잇는다는 말에 "힘들 때 도움을 받으려고 널 낳았나 보다." 하면서 반겼다. 내가 효도하신 거네요, 했더니 겐 씨는 이때만 갑자기 목소리가 작아져 쑥스러워하면서 고개를 저었다.

"큰일도 아닌데요, 뭐. 애초에 먹거리 자체가 거창한 게 아니잖아요. 그렇게 과장해서 쓸 만한 일이 아니에요."

겐 씨는 장사 수완이 아주 좋았다. 밴드에서 활동할 당시 악기 살 돈을 마련하고자 식비를 절약했다. 그 무렵 드나들던 식당에 '흑돼지정식'이 있었는데 싸고 양도 많고 맛있어 먹을 때마다 행복했다. 그 기쁨을 자신의 양식집에서도 맛보게 하고자 맛과 양에 공을 들였다.

불도그는 거대한 멘치카쓰가 사람들의 이목을 끌기 쉬운데 나는 매일 11시 40분부터 오후 4시까지 주문할 수 있는 1,000엔짜리 오늘의 점심을 추천한다. 요리 두 가지, 밥, 된장국이 함께 나온다. 내가 간 날은 등심으로 만든 돈가스인 로스가쓰와 함께 데미그라스소스로 소고기를 푹 끓인 하야시비프(ハヤシビーフ)가 조금 담겨 나왔고, 건더기가 많이 들어간 돈지루가 곁들여 나왔다. 산처럼

담긴 양배추 덕분에 로스가쓰는 마지막 한 조각까지
질리지 않고 깔끔하게 다 먹을 수 있었다. 돈지루는 우엉,
무, 당근, 파가 들어 있었다. 재료가 큼직큼직하게 잘려
있다 보니 식감도 다채로웠다. 돼지고기의 매력을 국과
주요리에 살리면서 손님이 질리지 않도록 해서 내놓는다.
조금 담겨 나온 하야시비프는 서비스 같은 느낌도 들어
어른, 아이 할 것 없이 기분 좋게 먹을 수 있다.

지름 25센티미터, 고기의 진한 감칠맛이 가득 담긴 멘치카쓰

멘치카쓰의 고기에는 치즈를 섞어 깊은 맛을 더한다.
기름을 빼는 방식도, 시간의 경과에 따른 맛의 변화도
연구해 레시피를 완성했다. 지금까지 양이나 가격에
변화를 주어야겠다고 생각한 적은 없었을까?

"없었어요. 당연히 식재료 가격이 오르고 거품경제가
끝나는 등 많은 일이 있었죠. 그렇지만 아버지에게 살면서
곤경에 빠졌을 때는 멋있는 쪽을 선택하라는 말을 들으며
자랐으니까요."

그렇기 때문에 옹졸한 생각은 하지 않고 여기까지
왔다. 그 결과 전혀 예상하지 못했던 SNS의 영향으로 먼
나라에서도 손님이 찾아오게 되었다.

생각할수록 정식집은 엄격하고 고고한 장사다.
먼저 손님의 눈이 엄격하다. 조금이라도 양을 줄이거나
부풀리는 등 눈속임을 하면 바로 발길을 끊는다. 가령 1만
엔짜리 프랑스 요리인데 재료비를 아끼느라 요리 맛이

조금 떨어져도 가짓수가 많으면 손님은 그렇게까지 신경을 쓰지 않는다. 그렇지만 800엔이나 900엔짜리 점심 메뉴에서 비슷한 일을 당하면 그 순간 바로 기분이 상한다. 저렴하게 파는 장사일수록

히가시오이 5-17-4(이전한 곳)

제공하는 측은 타협이 용서되지 않는다. 싼 '데도' 맛있다. 싼 '데도' 양이 많다. 겨우 이 두 가지를 유지하는 일에 얼마나 많은 자부심과 노력과 궁리가 필요한지 이루 다 헤아릴 수 없다.

　마지막으로 특별하게 소개하고 싶은 것이 있다. 불도그의 환대의 정신에 관한 이야기다. 점심 영업시간에는 자리에 앉은 지 2-3분 안에 멘치카쓰가 나온다. 기름이 빠지는 시간과 간이 맛있게 배는 시간을 확인해 손님을 기다리게 하지 않고 바로 튀길 수 있도록 준비하기 때문이다. 겐 씨는 말한다.

　"다른 사람 인생의 30분을 허비하고 싶지 않아요."

[그 후의 이야기]

이 글은 2019년 6월 당시 불도그를 취재한 내용이다. 그렇지만 식당은 화재 피해를 입어 소실되고 말았다. 불도그는 단골을 비롯해 여러 방면에서 보내준 많은 지원과 응원에 힘입어 4개월 후에 소셜 미디어 X를 통해 다른 장소에서의 영업 재개 계획을 발표했다. 그리고 2024년 6월, 예전 식당에서 3분, JR 오이마치역(大井町駅)에서 1분 거리에 있는 새로운 곳에서 부활했다. 따라서 여기에 소개한 매장은 이제 없다. 예순 곳의 가게가 빼곡하게 들어선 히가시코지로에서 74년의 역사를 쌓은 초대 불도그를 다음 세대로 전하기 위한 기록으로서 이 글과 사진을 게재했다.

정식집 관찰기 2
맛있는 정식집의 현주소

① 남성 아이돌 그룹 SMAP이나 엔카 가수 미야코 하루미의 음악이 무심하게 틀어져 있거나 음악을 아예 틀지 않는다.

서양음악은 식당 분위기와 맞지 않고 선곡에 신경을 쓸 여유도 없다. 애초에 빨리 먹고 빨리 가는 곳이기 때문에 음악은 그다지 필요하지 않다.

② 밥 추가 무료 혹은 밥 곱빼기가 무료인 시스템

정식은 밥과 된장국이 생명이다. 쌀 브랜드에도 신경을 쓰는 가게가 많다.

③ 역사가 긴 정식집은 주인 소유의 집이나 건물에서 영업한다

싸고 맛있는 음식을 내놓고자 할 때 임대료는 커다란 걸림돌이다. 2대, 3대가 맡아 운영하는 식당은 주인 소유의 집에서 영업하는 곳이 많았다. 가게를 빌리거나 이익이 큰 업태로 바꿀 수 있는데도 가게 이름을 변함없이 지킨다.

④ 수제 채소절임을 내놓는다

그날 다 소진하지 못한 채소는 쌀겨절임이나 아사즈케 등 절임 반찬으로 내놓는다. 일본의 요식업계에서는 오래전부터 그렇게 해왔다. 이것이야말로 평소에 부담 없이 실천할 수 있는 진짜 환경 보호 운동이라 하겠다.

⑤ 여성 혼자 오는 손님이 있다

손님층이 다양하고, 높은 환대의 정신을 지녔다는 증거다. 제철 채소나 생선 요리가 많기 때문에 다이어트에도 좋다.

⑥ 텔레비전 드라마에서 보는 듯한 그런 손님과의 소통은 잘 없다

좋은 가게의 저렴한 가격은 인건비를 줄이고 식재료를

효율적으로 잘 활용해야 실현된다. 마음은 굴뚝같아도
손님과 이야기를 나눌 틈이 없다.

⑦ SNS와는 거리가 멀다

이 책에서는 웹사이트도 SNS도 하지 않는 가게가 반
이상이다. 취재 의뢰는 직접 식당을 찾아가서 했고, 원고
확인은 팩스나 우편으로 보낸 다음 받았다. 애초에 식당을
꾸려가면서 촬영하거나 SNS에 올릴 시간이 없다. 취재를
거부하는 곳도 많았지만, SNS 덕분에 위기를 넘길 수 있어
고마웠다는 말도 여기저기에서 들렸다.

⑧ 양배추를 직접 채 썬다

칼로 직접 채 썰어야 식감이 좋고 훨씬 맛있다는 이유도
있지만, 주방이 좁아 기계를 둘 공간이 없다는 현실적인
이유도 있다.

⑨ 메뉴판의 10엔 단위 부분에 종이 등을 붙여 수정해 놓았다

10엔 단위로 가격을 올리기 때문이다.

⑩ 긴 노동 시간

고도경제성장기에 번화가에 있던 정식집은 택시
운전기사나 건설 노동자, 현장노동자의 식사나 술을 파는
휴식처로 기능했기 때문에 심야까지 종일 영업하거나
연중무휴가 많았다. 현재도 가족끼리 경영하는 곳은
교대할 사람이 없다 보니 재료 준비부터 정리까지 긴 시간
노동을 하게 되는 일이 많다.

도쿄올림픽에 두 번이나 휘둘린 신기루와 같은 식당

스이메이테이(水明亭)

지금 되돌아보면 코로나19 팬데믹이 바로 코앞에까지 와 있던 시기였다.

　2018년 7월, 나는 도심 한가운데 진구가이엔(神宮外苑) 숲 안에 마치 기적처럼 홀로 자리한 짬뽕과 쟁반우동의 가게 스이메이테이에 있었다.

　나무숲으로 둘러싸인 2층짜리 단독주택에는 나무로 된 미닫이문에 포렴이 걸려 있었고, 입구에서는 올림픽을 위해 건설 중인 국립경기장이 보였다. 또한 뒤쪽으로는 가이엔의 회화관(絵画館)이 자리해 있었다.

　이 식당은 짬뽕이나 쟁반우동을 먹는 손님이 반이고 나머지 반은 정식을 주문한다. 딸랑딸랑하고 미닫이문을 열고 들어가자 4인 테이블은 합석으로 만석이었고, 하얀색 운동화에 하얀색 삼각형 머릿수건, 빨간 앞치마를 두른 여성들이 빠릿빠릿하게 움직이고 있었다. 회사원이나 혼자 온 정장 차림의 여성이 면을 후루룩 먹거나 크로켓을 입안 가득 먹는 등 식당 안은 활기로 넘쳤다.

　"식권은 여기에서 구입하세요." 계산대에서 쟁반우동을 선불로 주문하자 목욕탕 신발장 열쇠처럼 생긴 타원형의 플라스틱 번호표를 건네받았다. 바닥은 리놀륨타일이 깔려 있었고, 벽은 야구 선수나 아이돌, 희극 배우 들의 사인지로 빽빽했다. 각 테이블 위에는 차가 담긴 보온병이 놓여 있었다.

몇 분 지나자, 커다란 아리타도자기(有田燒)에 가득 담긴 쟁반우동이 테이블에 놓였다. 가쓰오부시와 다시마로 만든 깔끔하면서 깊은 맛이 느껴지는 소스가 돼지고기, 한입 크기의 양배추, 사쓰마아게 어묵, 대롱어묵, 가마보코, 숙주, 배추와 잘 어우러져 면을 뒤덮고 있었다. 쫄깃쫄깃한 식감이 특징인 두꺼운 면은 건더기 아래에 완전히 가려져 보이지 않았다. 테두리를 자른 분홍색 어묵 가마보코가 음식에 아름다운 장식 역할을 했다. 수염이 있는 부분이 깔끔하게 잘린 숙주는 아삭아삭 소리가 들릴 정도로 식감이 좋았다. 3분의 1 정도 먹고 나서 식초를 뿌렸다. 옆자리 손님의 연어타르타르소스정식, 건너편 손님의 멘치카쓰정식이 맛있어 보여 자꾸만 시선이 갔다.

또 다른 날은 짬뽕을 주문했다. 스이메이테이는 건더기를 면 위에 올려서 내놓지 않고 면과 건더기를 섞어서 담아낸다. 생강의 풍미가 느껴지는 국물에 역시 쫄깃쫄깃한 굵은 면이 커다란 라멘 그릇에 담겨 나왔다. 간장으로 맛을 낸 깊이 있는 국물이 면에 잘 스며들어 숟가락을 놓지 못하고 마지막 한 방울까지 다 마셨다.

식당 영업은 11시부터 오후 2시까지 3시간이다. 술도 팔지 않고 저녁 영업도 하지 않는다.

선대는 규슈(九州)에서 제법 큰 고급 요정을 경영했다.

여주인 모토무라 리쓰에(本村律枝) 씨가 들려 주는 스이메이테이의 이야기는 그 자체가 도쿄의 쇼와시대 역사였다. 당시 가벼운 마음으로 들었던 나 자신을 지금은 원망한다. 더 많이 갔으면 좋았을 텐데.

식당은 한 번이 아니라 두 번이나 '도쿄올림픽' 때문에 강제 퇴거 위기에 처했다. 취재한 시점에서는 어딘가로 이전해 영업을 재개할 거라고 굳게 믿고 있었다. 나도 리쓰에 씨도.

구루메의 유명 요정에서 도쿄의 요릿집으로

70대인 모토무라 리쓰에 씨는 자세가 올곧고 활달한 사람이다. 오빠가 만들었다는 스크랩 노트나 옛날 사진을 준비해 웃는 얼굴로 맞아 주었다. 식당 안쪽 테이블에서 인터뷰에 대답하면서 종종 무의식적으로 눈동자를 좌우로 움직이는 모습을 보며 식당 상황이나 종업원의 움직임에 자연스럽게 신경을 쓴다는 게 느껴졌다.

"아버지 모토무라 세이치로(本村清一郞)는 규슈 사세보(佐世保)에 있던 해군 관할 기관인 진주후(鎭守府)에서 해군 장교를 위해 요리하는 요리장을 거쳐 구루메(久留米)에서 요정 모토무라(料亭本村)라는 제법 규모가 있는 가게를 했어요. 전쟁 중에 특공대 병사들이 마지막 식사를 했던 곳인데 비행기를 타면 하늘에서 요정 모토무라가 보이니까 돌아와도 길을 잃을 일이 없다고 말하던 것이 기억나요. 편도 연료밖에 없어서 돌아오지 못한다는 사실을 알면서도 그렇게 이야기하곤 했죠."

프로레슬러 리키도산(力道山)이나 스모 선수 등이 드나들면서 맛에 대한 평판이 도쿄에도 전해졌다. 이를 계기로 1950년대 세이치로 씨는 가족을 데리고 도쿄에 진출해, 시나노마치(信濃町)에 '시나노'라는 일본요릿집을 열었다. 시나노는 근처에 있던 게이오병원(慶應病院)

직원들이 식사나 접대할 때 이용하기도 하고 요쓰야(四谷)
방면에서도 손님이 찾아와 경영은 순조로웠다.

그렇지만 1961년 갑자기 나라에서 퇴거 명령을
받았다.

"3년 후에 도쿄올림픽을 하니까 용지를 정비한다고
하더라고요. 게이오병원의 의사 선생님들이 오랫동안
이용해서 시나노마치를 떠나는 게 싫었어요. 그렇지만
기한은 점점 다가오고 빨리 옮길 곳을 찾지 않으면 영업을
이어갈 수 없었죠. 식당이 많은 신바시(新橋)로 옮길까
의논하기도 했어요."

쟁반우동은 바삭바삭한 면을 한 번 쪄서 제공

"메이지진구(明治神宮) 신사 부지 안에 있는 이 건물은
본래 황태후님의 휴식처였어요. 이곳을 증개축해 영업을
위탁하고 싶다고 메이지진구 측에서 제안해 이곳으로
옮기자고 아버지가 결심했죠."

당시에는 콘크리트 구조의 단층 건물이었다.
세이치로 씨는 옛날 식당에서 그리 멀지 않은 이곳으로
이전을 결정하고 일본요리 스이메이테이로 간판을 걸었다.
가게 이름은 수영의 수(水)와 메이지진구의 명(明)에서
땄다. 메이지진구의 신관이 올림픽이나 큰 행사가 있을 때
접대로 이용하고 싶으니 2층을 만들어 달라고 부탁했기
때문에 세이치로 씨는 자비를 들여 2층으로 증축해
다다미가 깔린 큰 방을 마련했다. 1층은 테이블석과
넓은 주방이 자리한다. 입구에는 삼각형의 차양이

쫄깃쫄깃한 면의 쟁반우동과
생강으로 맛을 낸 짬뽕(왼쪽 위).
계산대에 있는 식권을 대신하는
플레이트. 선불제다(왼쪽 아래).
벽에는 유명인의 사인이 쭉 붙어
있다. 스이메이테이의 역사를
이야기하는 리쓰에 씨(가운데).

튀어나와 있고 벽에는 유리블록을 넣었다. 당시에는 입구에서 나오면 오른쪽 전방에 일본선수권도 열리는 진구수영장(神宮プール) 다이빙대가 보였다고 한다.

다음 해에 도쿄올림픽이 개최되었다. 리쓰에 씨는 식당을 도우면서 무대 뒤의 열기를 목격했다.

"마지막 성화 봉송자가 개최일 당일에 저희 식당에서 줄곧 대기했어요. 웃옷을 벗으면 성화 봉송자인 걸 들키니 옷을 입은 그대로 나갔던 모습이 기억나요. 아버지는 본래 해군에서 양식을 만들었으니까 올림픽에 참가하는 선수를 위해 개최 중에 식사를 제공했어요. 그렇게 선수들이 많이 와서 사인을 해주었죠."

그렇지만 세이치로 씨는 그 무렵부터 파킨슨병을 앓아 자리에 눕는 일이 잦아졌다.

"오빠는 프랑스에서 디자이너로 일해서 식당은 어머니, 저, 큰언니 이렇게 셋이 꾸려갔어요. 아버지 간호도 있어서 밤 영업은 어려웠죠. 여자 셋이 하니까 사람들이 점심에 편하게 들러 정식을 먹을 수 있는 식당을 하자고 방향 전환을 했습니다."

짬뽕과 쟁반우동으로 유명한 지역인 나가사키(長崎)의 장인에게 의논한 다음 두 음식을 도쿄풍으로 응용해 주요리로 선보여야겠다고 정했다. 매일 여자 셋이서 도쿄, 오사카, 규슈 등 전국의 짬뽕과 쟁반우동을 먹으러 다니며 연구했다. 그렇게 나가사키짬뽕보다 깔끔한 구루메짬뽕을 바탕으로 해 이곳만의 짬뽕을 개발했다.

"쟁반우동의 면은 원래 바삭바삭한데 그 상태에서 40분 동안 쪄요. 이것은 어머니와 고안했죠. 국물은 얇게

포를 뜬 가쓰오부시와 다시마로 우려냅니다. 쓰키지시장의 유명 식당 갓포마쓰무라(割烹松村)에서 전수해 건더기가 면에 잘 어우러지도록 했어요. 게이오병원의 의사들이 '정식이 있으면 좋겠다'라고 했던 말도 힌트가 되었죠."

대표 음식인 면 이외에 정식은 연어타르타르소스정식, 크로켓정식, 멘치카쓰정식 등 세 가지다. 여름에는 중식 냉면인 히야시추카가 추가된다. 고령의 어머니를 생각해 메뉴 가짓수를 줄이고 영업은 11시부터 3시간 정도만 하면서 주말과 공휴일은 휴무일로 정했다. 단골은 게이오병원에 장기 입원했던 배우 이시하라 유지로(石原裕次郎) 씨를 비롯해 프로 스포츠 선수, 만담가, 가부키 배우, 희극 배우 등 너무 많아서 셀 수 없을 정도였다. 1966년 세이치로 씨가 타계한 뒤, 스이메이테이는 여자들 손으로 지켜왔다.

그런데 2020년 개최될 도쿄올림픽을 위해 다시 퇴거 명령을 받았다.

"그날 밤은 충격이 너무 커서 잠을 이룰 수 없었어요."

〈2018년 10월 31일을 마지막으로 문을 닫습니다〉

슬픈 소식이 인터넷을 통해 확산해 매일 멀리에서도 손님들의 발길이 끊이지 않았다.

"왜 우리 식당만 이런 일을 당하는지 억울하다는 생각이 들었죠. 땅은 다른 곳에도 많은데 말이에요."

리쓰에 씨가 힘없이 웃었다.

"갑자기 작년에 올림픽을 위해 이곳에 호텔을 지을 예정이라고 하더라고요. 호텔 안의 식당으로 들어갈 수

있으려나 했는데 카페나 레스토랑은 들어갈 수 없다는 이야기를 들었어요. 저희 식당에는 이곳에서 일하며 생계를 꾸려가는 사람들이 있잖아요. 문을 닫지 말아 달라는 손님들도 있었고요. 불평불만을 늘어놓는다고 해결될 일도 아니라서 하루라도 빨리 새로운 장소를 찾아 식당을 열어야겠다 싶어 지금 식당 자리를 알아보고 있어요."

옆모습에서 강인함과 씩씩함이 엿보였다. 마지막으로 활짝 웃으며 이렇게 단언했다.

"반드시 어딘가에서 스이메이테이를 다시 해야죠. 저는 이 식당에서 힘을 얻으니까요."

도심 한가운데에서 싸고 맛있는 음식만을 제공하며 식당 이전과 아버지의 죽음을 극복하고 도쿄의 역사를 줄곧 지켜보았다. 그렇기 때문에 나는 그에 대한 존경심과 희망을 품고 2018년 웹사이트에 이렇게 적었다.

스이메이테이는 잠시 쉽니다.

2021년, 비석

웹 미디어 《게이쿠스》에 스이메이테이의 기사가 올라가자 사람들의 SNS를 통해서 이야기가 확산했다. 기사를 공유한 SNS 중에는 스이메이테이의 엄청난 팬인 유명 희극인도 있었다.

이 식당을 사랑하는 손님이 이렇게나 많았구나. 그러니 곧 새로운 곳에서 갓포기를 두르고 재개할 거라고 믿었다. 그런데 영업을 재개한다는 소식이 아무리

기다려도 들려오지 않았다.

분명 이 근처일 텐데.

2020 도쿄올림픽이 끝난 지 2개월이 지난 2021년 10월. 나는 멀리에서 점잖은 얼굴로 자리한 5층짜리 원반형의 국립경기장(国立競技場)을 보면서 3년 전의 기억을 필사적으로 떠올렸다. 울창했던 숲은 흔적도 없이 사라져 눈앞에는 드넓은 초록의 평지가 펼쳐져 있었다. 정말로 이곳에 하얀 갓포기 차림의 리쓰에 씨와 가족이 일했고, 손님이 합석해 쟁반우동과 짬뽕을 먹으며 입맛을 다시던 그 활기찼던 가게가 있었을까? 신기한 기분에 사로잡혔다.

식당 문을 닫기 전엔 2018년 10월 말까지 매일 줄이 이어졌다. 그렇지만 다음 해인 2019년 12월 말, 세계에서 처음으로 코로나19 감염자가 중국에서 나왔다고 보도되면서 스이메이테이 영업 재개 소식은 공중에서 사라졌다.

스이메이테이가 있던 장소를 방문하게 되어 리쓰에 씨에게 연락을 취했지만, 사정이 있어 취재에 응하기 어렵겠다는 대답이 돌아왔다.

리쓰에 씨의 인생은 식당과 늘 함께였다. 생기 있게 즐겁게 일하던 모습을 보며 식당과 결혼했구나, 하고 멋대로 상상했다. 손님들로부터 중매도 많이 들어왔지만, 마음이 내키지 않았다고 농담을 섞어 말하며 웃었다.

종업원은 근무 경력이 길어 개중에는 부모와 자식이 2대에 걸쳐 일한 사람도 있었다. 종업원의 결혼식에

참석하거나 과거에 일했던 종업원이 아기를 데리고
오기도 했다. 리쓰에 씨는 아련한 표정으로 이렇게 말했다.
"요식업은 일손이 부족해 늘 힘든데 저는 복을 받았지요.
그래서 종업원을 위해서라도 빨리 다음 식당 자리를
찾아야 해요."

올림픽은 리쓰에 씨가 약 50년 동안 함께 해온 제2의
가정도, 종업원의 생활 원천도 빼앗았다.

과거에 숲이었던 스이메이테이 뒤쪽은 탁 트여 별 세
개짜리 호텔이 들어서 있었다. 아쉬운 마음에 무언가
스이메이테이의 흔적을 찾아 돌아다녔다. 그러자 저편에
캠프장의 조리 시설처럼 생긴 곳이 보였다. 그 옆에 있는
대리석 비석 앞에 주뼛주뼛 섰다.

"이 광장 일대는 과거에 수영장 동측 가이엔이라고
불리며 메이지진구 가이엔 창건 당시(다이쇼
15년/1926년)에 건설된 호쿠부다이반초요리휴게소
(北部大番長寄休憩所)의 건물이 있었습니다. (후략)
레이와(令和) 원년 8월 메이지진구 가이엔"

아. 입술 사이에서 공허한 한숨이 새어 나왔다.

비석에 따르면 벤치가 딸린 기념비는 역사적
건축물을 후세에 전하기 위해 과거의 석재를 사용해
2019년 세워진 것이었다.

리쓰에 씨가, 하얀색 삼각형 수건을 머리에 두르고
빠릿빠릿하게 음식을 나르던 종업원들이, 뭉게뭉게
올라오던 뜨거운 김 안에서 민첩하게 일하던 요리사들이,
배우나 야구 선수, 희극 배우, 가부키 배우의 사인으로

벽이 빼곡하게 채워져 활기로 넘치던 짬뽕과 쟁반우동이 맛있던 식당이 분명 이곳에 있었다. 그때 나는 후후 불면서 엄청나게 맛있는 짬뽕을 먹었다.

도쿄라는 도시의 신진대사에는 이미 익숙해진 줄 알았다. 그런데 이 쓸쓸함이 너무 견딜 수 없었다. 리쓰에씨 일가가 반세기 이상 걸쳐 지켜온 것들이 외부의 강압적 이유로 이렇게 간단하게 없어지다니.

스포츠 제전의 그늘에서 흔적도 없이 사라진 짬뽕으로 유명했던 그 식당은 놀랄 만한 속도로 사람들의 기억에서 잊히고 있다. 올림픽이니까, 코로나19니까, 고령이니까 어쩔 수 없다고 치부하기에는 스이메이테이는 긴 세월 수많은 사람의 사랑을 받았다.

반들반들 윤이 나는 비석이 이상하게 내 눈에는 묘비처럼 보였다.

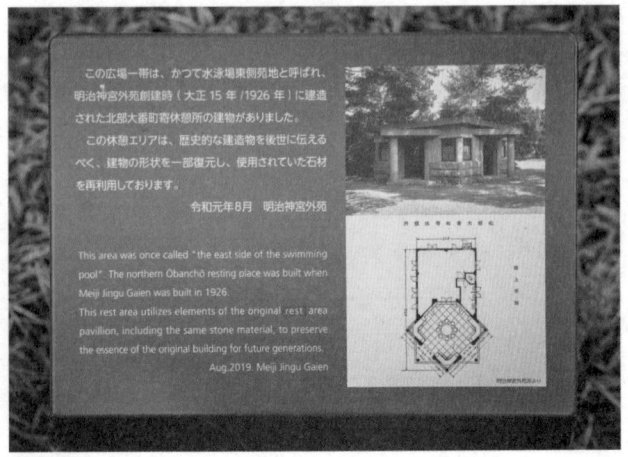

앞으로를 향해

다시, 산카쿠

세타가야구 교도(経堂). 오래된 문방구가게와 화과자점이 늘어선 스즈란도리(すずらん通り)에서 살짝 안쪽으로 들어간 골목의 빌딩 1층에 2024년 5월 산카쿠는 부활했다.

텐트 재질의 간판에 어딘지 정겨우면서 개성 있는 둥글둥글한 서체의 로고. 메뉴를 보니 폰즈를 뿌린 가지튀김 450엔, 삭힌 달걀인 피탄(ピータン)과 자차이 무침이 480엔이라고 적혀 있었다. 가격은 조금 올랐지만 거의 6년 전 그대로다. 그렇다면 정식은 어떨까?

치킨난반정식, 전갱이튀김정식, 햄에그정식, 가라아게정식. '밥 곱빼기 무료' '정식 메뉴에서 200엔을 빼면 단품 주문 가능'의 글자가 보였다. 좋아하는 산카쿠의 모습 그대로 당당하게 돌아왔구나. 가슴이 점점 뜨거워졌다.

좋은 의미로 어깨의 힘이 쑥 빠지면서 이런 생각이 서서히 들었다. 이제 긴 여행을 끝낼 수 있겠구나.

코로나19 팬데믹에 휩쓸려 손님의 발길이 뚝 끊어져 포장 전문점으로 영업 형태를 바꾸거나 문을 닫은 가게들도 있었다. 이 책의 바탕이 된 연재는 《게이쿠스》라는 웹 미디어에 게재했는데 운영사의 사정으로 매체 자체가 사라졌다. 그때는 모든 일에 제약을 받으며 생활하던 때라 연재 기획 자체도 공중에 붕 뜨고 말았다. 식당에 가지 못하니 음식점에 관해 열정을 다해 이야기해 보았자 독자에게는 그저 먼 나라 이야기로 들릴 뿐이었다.

나는 간절하게 기도하는 심정으로 산카쿠의 재개를 기다렸다. 원래 있던 건물이 다시 지어지면 같은 자리에서 재개할 거라는 이야기를 들었다. 그 축하받아 마땅한 부활의 날을 꼭 지켜봐야지, 그 가게가 다시 옛날과 같은 활기를 되찾으면 분명 그때가 이 긴 정식집 순례를 마칠 때라고 혼자 멋대로 정했다. 마스크나 옆 사람과의 거리를 신경 쓰지 않고 누구나 가고 싶을 때 정식집에 들러 먹고 마시고, 밤 8시가 넘어도 즐길 수 있는 그런 날이 다시 오면 이 6년이라는 시간을 한 권의 책으로 정리해야겠다고도 다짐했다.

★

가게 주인인 히라이 가나코 씨는 전혀 예상하지 못한 일들이 연이어 일어났다면서 과거를 회상했다. 2022년 12월, 일단 가게는 문을 닫았다. 그런데 공사가 전혀 진행되지 않았다. 코로나19로 공사 현장은 인력 부족에 시달렸고 우크라이나전쟁으로 자재 공급이 원활하지 못했던 점이 관련되었을 것이다. 겨우 완성된 설계 청사진을 확인하니 공간은 전보다 좁아져 있었고, 월세는 급등했다.

"여기에서는 장사를 못 하겠다 싶었어요. 다른 장소를 찾자고 마음을 굳힌 게 겨우 반년 전이에요. 마지막 순간까지 시모기타자와를 고집했어요. 지금까지 와주었거나 다시 문을 열기를 기다리는 사람들이 앞으로 어디에서 밥을 먹을 수 있을까 마음이 쓰였거든요."

히라이 씨는 새로운 식당의 벨벳 의자에 느긋하게 앉아 더듬더듬 이야기를 시작했다. 6년 전에는 오후 3시가 지나 잠시 한가한 틈을 타 이야기를 들었다. 매일 즐거웠지만, 영업을 끝낸 후에는 기진맥진해 집에는 그저 잠을 자기 위해 돌아가는 듯한 생활이었다고 이야기하는 모습이 인상적이었다.

2024년 3월, 우연한 일을 계기로 깊은 정취가 감도는 인테리어의 옛 킷사텐을 빌리게 되었다. 매장은 넓고 룸 느낌이 나는 곳도 있었다. 벽은 회반죽으로 되어 있었고 스테인드글라스에 고풍스러운 문까지 전의 전 주인의 고집과 애정이 구석구석 가득 담겨 있었다. 오래된 식기장과 냄비와 솥, 노리타케 그릇에 칠기 그릇까지 물려받았다. 시모기타자와를 떠나야 했지만, 이번에는 이곳에서 좀 여유롭게 손님이 좋아할 만한 정식을 만들기로 했다.

점심 영업은 밥이 떨어지면 영업을 끝내고, 밤에는 10시까지 영업한다. 심야 12시까지 쉬지 않고 영업하던 시모기타자와 시절을 생각하면 몸도 마음도 훨씬 편해졌다.

내가 정말 놀란 점이 두 가지 있다. 하나는 메뉴 이름은 그대로인데 아무리 생각해도 맛이 예전보다 한 단계 더 수준이 높아졌다는 점이다. "레시피는 옛날 그대로예요." 말은 이렇게 했지만, 뭐가 달라졌을까? 어쨌든 예전에 푹 빠졌던 전갱이튀김이나 치킨난반이 더 맛있어져 있었다. 치킨난반에 가득 뿌려진 수제

타르타르소스에서는 부드러운 산미가 느껴졌고, 가라아게의 튀김옷은 바삭하는 소리가 들릴 정도였다. 두툼한 전갱이튀김 또한 부드러웠다. 너무 오래 기다리다 보니 멋대로 그 맛에 선입견까지 생긴 것일까?

또 하나 놀란 점은 원래 이렇게 잘 웃는 사람이었을까 싶을 정도로 히라이 씨가 행복하게 웃었다는 점이다.

스무 살의 원점

"시모기타자와 가게가 문을 닫기 전 3개월 동안은 뭘 했는지 기억이 안 날 정도로 정말 바빴어요. 폐점 소식을 듣고 여기저기에서 손님이 찾아왔으니까요. 정식 런치는 회전율이 400퍼센트였어요. 감사했지만 마음 한구석에서는 이렇게까지 하면서 장사할 생각은 없었는데 하는 마음이 들었습니다."

게다가 누군가가 SNS에 맛국물로 만든 달걀말이와 우설 꼬치를 소개한 듯 처음 온 손님이 메뉴도 안 보고 정식도 시키지 않고 그 요리만 주문해 매일 그것만 만들었다. 요리를 좋아하지만 주문에 쫓겨 거의 작업하듯이 요리했다.

"만약 그대로였다면 누구 하나 쓰러졌을 거예요."

폐점을 계기로 아홉 명이었던 직원은 귀향하거나 다른 가게를 여는 등 각자의 길을 찾아 흩어졌다. 뼛속까지 요리를 좋아하는 히라이 씨는 이번에는 혼자 해보기로 결심했다.

대표 메뉴인 정식에 제철 요리도 내놓고 싶었다.

"오늘은 이런 거 만들었다면서 그날만 즐길 수 있는 메뉴도 하고 싶었죠." 눈을 반짝이며 말했다.

그러고 보니 내가 간 날도 정식에는 작은 접시에 물기 가득한 산나물 청나래고사리가 곁들여져 있었다.

새 식당은 테이블 간격이 여유로웠다. 주방도 넓었다. 히라이 씨의 솜씨라면 더 다양한 요리에 도전할 수 있을 듯한데 정식을 고집하는 이유는 무엇일까?

"가정 요리를 좋아해요. 그래서 평소에 먹는 밥을 제공하고 싶어요. 늘 마음속에 품는 생각은 내가 손님이어도 가고 싶어질 만큼 편하고 쉽게 들를 수 있는 가게예요."

히라이 씨는 스무 살에 처음으로 음식점에서 아르바이트를 했다. 그곳에서 배운 레시피 메모를 지금도 소중하게 간직하고 있다. 시부야에 있던 'XP'라는 갤러리 겸 카페의 레시피다. 당시 일주일에 한 번 일류 호텔 셰프가 요리를 가르치러 왔다.

"요리에 관해서는 아무것도 모르고 배운 적도 없는 저에게 그분이 일대일로 하나하나 다 가르쳐 주었어요. 의욕적인 분이었는데 지금 생각해 보면 어떻게 그렇게 매주 와주셨나 싶어요. 일본요리, 서양요리, 디저트 등 그때 배운 것이 지금의 제 원점이 되었습니다."

시모기타자와 시절의 산카쿠에서 내놓던 대표 안주인 뿌리채소류로 만든 피클도 당시에 배웠다. 너무 시지도 달지도 않은 피클은 혼자 돋보이는 법 없이 채소의 식감을 살리면서 존재감이 있는 절묘한 입가심 반찬이자 일품요리다. 그래서 갈 때마다 시키곤 했다.

또박또박 써서 클리어 파일에 껴 놓은 레시피 메모에서 최선을 다해 살던 스무 살 시절의 노력이 전해졌다. 히라이 씨의 요리에는 맛있는 요리를 필사적으로 배우던 시절의 기쁨이 그 근본에 깔려 있다는 생각이 들었다. 참고로 그 메모는 식당을 다시 열 준비를 할 때 문득 떠올라 오랜만에 다시 살펴보았다고 한다. 식당 재개까지 걸린 고요하고 긴 시간이 '좋아하는 마음'의 원점으로 다시 돌아가도록 도와주었다. 더 맛있는 요리를 만들자, 일상의 가정 요리를 즐길 수 있도록 하자는 새로운 에너지가 샘솟았다. 그러니 전갱이튀김이 훨씬 더 맛있어졌다고 느꼈을지 모른다.

　나는 동그랗게 부풀어 오른 마음을 통통 튕기듯이 만족스러운 마음으로 산카쿠를 뒤로 했다.

★

동네도 가게도 재생을 반복하며 순환한다. 쇼와시대부터 그 뼈대의 일부를 정식집이 지탱해 왔다. 그리고 지금도 때때로 코로나19라든지 재건축, 재난, 그리고 함께 일하던 가족의 상실 등 어려움을 극복하면서 우직하게 정식집을 운영하는 사람들의 음식이 있다. 상실과 재생을 반복하면서, 맛있는 밥을 입안 가득 먹으면서, 신진대사하듯 순환하면서 한 발씩 내일을 향해 나아가자. 그곳에 정식집이 있는 한 우리는 분명 잘 살아갈 수 있을 테니까.

미야자카 3-17-11 1층

지은이 오다이라 가즈에(大平一枝)

작가, 에세이스트다. 나가노현에서 태어났다. 거리의 생활자를 그리는 기록 문학, 잃고 싶지 않은 것이나 가치관을 주제로 한 에세이를 집필한다. 지은 책으로는 『그래도 먹으며 살아간다 도쿄의 부엌(それでも食べて生きてゆく 東京の台所)』 『이렇게 생활과 사람에 대해 써왔다(こんなふうに、暮らしと人を書いてきた)』 『주문에 시간이 걸리는 카페, 가령 '아 행'을 잘 못하는 너에게(注文に時間がかかるカフェ たとえば「あ行」が苦手な君に)』 『정답이 없는 잡담(正解のない雑談)』 『인생 프루트샌드(人生フルーツサンド)』 등이 있다. 연재로 《도쿄의 부엌 2(東京の台所2)》 등이 있다.

사진 난바 유지(難波雄史)

1983년 이바라키현에서 태어났으며 도쿄공예대학교 사진학과를 졸업했다. 출장지에서 술집을 찾아다니기 좋아하는 술꾼 사진가다. 요리, 인물, 콘서트와 같은 분야는 물론이고 잡지, 서적 등 다양한 분야의 사진을 찍으며 활약한다. 고래를 좋아한다.

옮긴이 서하나

언어와 활자 사이를 유영하는 일한 번역가이자 출판편집자. 언어도 디자인이라 여기며 일본어를 우리말로 옮기고 책을 기획해 만든다. 건축과 인테리어 분야에 종사한 바 있으며 일본 유학 후 출판사 안그라픽스에서 편집자로 일했다.『디자이너 꿈을 꾸며 걷다』『달콤하게, 도쿄의 킷사텐』『노인력』『501XX는 누가 만들었는가』『미나 페르호넨 디자인 여정: 기억의 순환』『도쿄 호텔 도감』『디자이너 마음으로 걷다』『몸과 이야기하다, 언어와 춤추다』『초예술 토머슨』『노상관찰학 입문』『저공비행』『좋아하는 일을 하고 있다면』등을 우리말로 옮겼으며『이상하게 그리운 기분』(공저)을 썼다.

そこに定食屋があるかぎり

Copyright © 2024 by Oodaira Kazue
All rights reserved.
Korean translation copyright © 2025 by geomjung press
Japanese version is published by arrangement with
FUSOSHA Publishing Inc. through CUON Inc.

Photo © Yuji Namba

이 책의 한국어판 저작권은 CUON 에이전시를 통해 FUSOSHA Publishing Inc.와 독점계약한 검정프레스에 있습니다. 이 책은 저작권법에 따라 국내에서 보호받는 저작물입니다. 책의 내용을 이용하려면 저작권자와 출판사 모두의 서면 동의를 받아야 하며, 이들 내용의 무단 전재와 복제, 상업 이용을 금합니다.

든든하게, 도쿄의 정식집:
몸과 마음을 채우는 맛있는 밥집 이야기

2025년 11월 11일 1쇄 발행

지은이 오다이라 가즈에
사진 난바 유지
번역·편집 서하나
디자인 박민수
제작 세걸음

펴낸곳 검정프레스
주소 서울시 마포구 신촌로2길 19 2층 66호
이메일 info@geomjungpress.kr
웹사이트 geomjungpress.kr
출판등록 제2024-000198호(2024년 8월 14일)

잘못된 책은 구입하신 곳에서 교환해 드립니다.

ISBN 979.11.992388.2.4 (03980)